Corrupção

O LABIRINTO DO MINOTAURO

Corrupção

O LABIRINTO DO MINOTAURO

2020

José Mouraz Lopes

ALMEDINA

CORRUPÇÃO
O LABIRINTO DO MINOTAURO

AUTOR
José Mouraz Lopes

EDITOR
EDIÇÕES ALMEDINA, S.A.
Rua Fernandes Tomás, n.ºs 76, 78 e 80
3000-167 Coimbra
Tel.: 239 851 904 • Fax: 239 851 901
www.almedina.net • editora@almedina.net

DESIGN DE CAPA
EDIÇÕES ALMEDINA, S.A.

IMAGEM DE CAPA
Fotografia do autor sobre tapeçaria de Laura Mota Pinto

EDITOR
EDIÇÕES ALMEDINA, S.A.

IMPRESSÃO E ACABAMENTO
Forma Certa

Novembro, 2020

ALMEDINA | GRUPO**ALMEDINA**

BIBLIOTECA NACIONAL DE PORTUGAL – CATALOGAÇÃO NA PUBLICAÇÃO

LOPES, José Mouraz

Corrupção: o labirinto do Minotauro.
(Fora de colecção)
ISBN 978-972-40-8938-6

CDU 343

ÍNDICE

I.
Introdução

Este é um livro de continuidade.

Em 2011 publicámos a obra *O Espectro da Corrupção*[1], onde defendemos uma definição ampla de corrupção, num fenómeno que então descrevemos como «transvaze da corrupção», evidenciando a necessidade de a enquadrar naquele sentido, de modo a entender os problemas que sustentavam as várias patologias da governação.

Alertando para a necessidade de perceber a corrupção numa perspetiva jurídico-política ampla, cujo denominador comum é a falta de transparência, a manipulação das regras, a omissão de procedimentos, a ausência de imparcialidade dos intervenientes nos processos de decisão e o abuso de poder em benefício próprio, restringimos a análise a uma área muito concreta da economia e da gestão pública onde o público e o privado se cruzam de modo inevitável, nomeadamente nas parcerias público privadas (PPP).

O decurso do tempo, a dimensão de um discurso público cada vez mais exigente sobre a boa governação, o aprofundamento dos temas relacionados com a corrupção e a constatação de que as patologias que envolvem o uso do dinheiro público não se circunscrevem apenas à dimensão penal da corrupção, impõem, hoje, uma abordagem holística do fenómeno.

[1] Lopes, 2011 (a).

Desse modo, poderemos continuar a trilhar o caminho de entendimento, explicação, abordagem e, naturalmente, do controlo de patologias que envolvem a gestão, o uso e o apoderamento indevido de dinheiro público.

Curiosamente, esta conceção holística parece hoje sustentar uma boa parte da dogmática que envolve a matéria da corrupção e que, finalmente, parece condicionar as políticas públicas. As patologias criminais não são, nem as únicas dimensões que permitem diagnosticar o problema complexo da corrupção por via da estatística, nem, muito menos, a única dimensão sobre a qual se devem sustentar aquelas políticas.

Esta abordagem, mais abrangente e integrada, leva-nos ao estabelecimento de graus de responsabilização e atuação diferenciados, em função dos vários atores que nos sistemas políticos assumem competências em matérias que envolvem a fiscalização do dinheiro público e o sancionamento dos comportamentos que o seu mau uso comporta, ou que, tão relevante como tal, são por ele afetados.

Desde logo a constatação de que apenas uma visão ampla, onde se atente à verificação da responsabilidade partilhada entre vários órgãos, sejam eles políticos, administrativos ou mesmo judiciais, permite evidenciar a relevância das políticas de prevenção da corrupção e as restantes situações que comportam desvio ou má gestão de dinheiro público.

Depois, os cidadãos e as empresas, porque, em regra, são os primeiros prejudicados com as consequências graves de comportamentos patológicos que envolvem os vários fenómenos da corrupção, tanto no sector público, como no privado.

Num terceiro momento, os poderes políticos, por via da necessidade de enquadrarem nas suas políticas esta abordagem, tendo em conta as repercussões políticas, económicas e sociais que as questões da corrupção assumem.

Num quarto tópico, incidindo a abordagem no domínio das patologias mais graves, de natureza criminal, destaca-se o papel que os vários atores têm neste domínio, sejam os órgãos de polícia, o Ministério Público ou os Tribunais.

Finalmente a dimensão, cada vez mais oportuna, da intervenção dos órgãos de controlo financeiro, nomeadamente as vertentes de auditoria e a jurisdicional, tendo presente a relevância que a gestão do dinheiro público comporta, ainda que não assuma dimensão criminal.

Tudo isto, no entanto, deve ser abordado numa perspetiva funcional, de forma sustentada, tanto do ponto de vista teórico, como prático. A concretização das políticas públicas deve afastar-se quer de uma dimensão meramente formal, restringindo-se à análise do «tecido» normativo vigente, quer do discurso populista que, segundo o que algumas correntes vêm sustentando, parece fazer algum caminho na matéria da corrupção.

A obra comporta essencialmente um diagnóstico, onde é efetuada uma análise ao que tem sido a atuação dos sistemas de controlo da corrupção, e uma parte prognóstica, onde se evidenciam alguns caminhos passíveis de serem seguidos, sendo que alguns capítulos decorrem de artigos publicados nos últimos anos, estando as referências devidamente assinaladas.

Na mitologia, o Minotauro, monstro que tinha corpo de homem e cabeça de touro, fruto dos amores de Pasífae, mulher do rei Minos, e de um touro enviado por Posídon, foi encerrado num labirinto. Teseu, ajudado por Ariadne, uma das filhas de Minos que entregou a Teseu um rolo de fio, conseguiu matar o Minotauro e encontrar o caminho de saída[2]. A analogia do mito com o problema da corrupção, parece-nos, terá algum sentido. Acima de tudo pela evidente associação à imagética intemporal do labirinto e ao árduo desafio da sua saída, mas também pelos eventos que espoletaram a origem do Minotauro: a falha humana motivada pela ganância.

Nota final.

Quando esta obra estava na sua fase terminal, foi divulgado o documento *Estratégia Nacional de Combate à Corrupção*. Trata-se de um documento importantíssimo pela sua dimensão holística no tratamento da matéria da corrupção e, sobretudo, pela visão realista que identifica nas matérias que envolvem a corrupção, muitas tratadas nesta obra.

A sua implementação será, um enorme desafio à efetividade de uma política pública de transparência, boa governação e cidadania responsável, essencial à consolidação do Estado democrático.

[2] GRIMAL, 1992, p. 314.

Capítulo I
O Labirinto: As Desventuras dos Dinheiros Públicos

1. Vinte anos que continuam a abalar o mundo

O final de quase duas décadas de turbulência económica e financeira, iniciadas no final dos anos 90[3] e acentuadas com a crise de 2008, continua a evidenciar uma constante emersão de situações patológicas no domínio económico e financeiro que, ainda que evidenciem alguma oscilação conjuntural no domínio público, quase se tornaram «temporadas» de séries que se vão prolongando no tempo.

Estas situações estão enquadradas em tipologias sancionatórias diversificadas, que envolvem, direta ou indiretamente, a apropriação ou desvio de dinheiros públicos, de natureza criminal, administrativa ou contraordenacional que, por via da extensão e exacerbação de casos concretos ou por simplificação operativa, são hoje, como se verá, enquadradas num amplo e consensual *nomem* de corrupção.

Uma brevíssima retrospetiva aos anos 80 do século passado mostra o destapamento lento, mas global, de situações criminais envolvendo crimes de colarinho branco de grande relevância pública e, sobretudo, com consequências até aí nunca vistas.

[3] Segundo dados oficiais, a taxa mais elevada de crescimento do PIB em Portugal ocorreu em 1998 (4,81). A partir daí, ainda que com oscilações, não mais atingiu esse valor.

O caso de Itália foi paradigmático, sobretudo após a evolução da situação política decorrente da crise do assassinato de Aldo Moro, que ocorreu em 9 de Maio de 1978, e que veio destapar o lodo que envolvia a vida política, económica e financeira naquele País durante décadas. Os dez anos seguintes vieram iniciar um processo de alteração sistémica do que era (e foi, durante muito tempo) a captura do Estado italiano, não apenas pelas organizações mafiosas, mas sobretudo pelas fortíssimas teias da corrupção envolvendo a indústria, a banca, a política, quer governamental quer autárquica, e grupos de interesses mais ou menos secretos que dominavam a sociedade italiana. Esta situação atingiu o ponto máximo em 1992 através do desencadear da operação *Mani Pulite*, também conhecida por operação *Tangentopoli*[4] , da qual resultou o estilhaço da segunda República italiana e a consequente pulverização política e partidária do País com a emersão de novas figuras políticas no espectro partidário, alterando radicalmente a composição dos lugares de poder na Itália.

Durante toda a década de 90 reproduziram-se as ondas de choque do que se passava em Itália em muitos países da Europa, nomeadamente em França, Espanha, Bélgica ou Portugal que, ainda que de forma menos violenta e traumática, viram emergir situações com alguma semelhança[5]. De igual forma noutros paralelos, como o Brasil[6] ou na Argentina, refrações de igual natureza fizeram sentir-se e, em alguns casos, tiveram repercussões relevantes na vida pública daqueles países.

Os finais do século XX e primeiros anos do século XXI evidenciaram, por isso, alguma expectativa no que seria uma nova forma de encarar e resolver os problemas de acréscimos súbitos, e por vezes inexplicáveis,

[4] A operação iniciou-se em 17 de fevereiro de 1992 quando foi detido Mario Chiesa na posse de sete milhões de liras provenientes de uma *tangente* (que se refere aos «beneficios da corrupção»). Após dois anos de investigação cerca de mil e quinhentas pessoas estavam envolvidas em todos os processos, envolvendo cerca de 80 deputados, três ex-presidentes do Conselho de Ministros, vários ex ministros ou ministros, todos os últimos secretários dos partidos do Governo, ex presidentes de câmaras das grandes cidades (cf. ZANCHETA, 1996, p. 86). Em Maio de 1992, o juiz Giovanni Falconne foi assassinado pela Mafia, quando desenvolvia investigações âmbito do processo.

[5] Desenvolvidamente PORTA/MÉNY, 1995.

[6] Entre outros o chamado caso «Mensalão», envolvendo, no Brasil, no início dos anos 2000, várias e extensas situações de corrupção de deputados.

de riquezas privadas, sustentadas na opacidade, no desvio de fundos e de impostos, no nepotismo, na fraude e na corrupção que acompanhava, simultaneamente, o desenvolvimento económico rápido decorrente das economias mundiais. Em alguns países europeus, como Portugal, Grécia e Espanha, foram evidentes as consequências que, por via dos resultados da mudança de paradigma económico, decorreram dos primeiros anos da integração no espaço comum que, à época, constituía a CEE. Estas consequências advieram, nomeadamente, da aplicação massiva de fundos financeiros daí decorrentes e dos muitos casos que surgiram, então, envolvendo fraudes e desvios na obtenção de subsídios.

Os instrumentos jurídicos internacionais e comunitários começavam a evidenciar a premência de regular de forma mais assertiva matérias como o branqueamento de capitais, a criminalidade económica e financeira, a regulação bancária, o acesso às contas bancárias, o controlo de transações suspeitas e, naturalmente, a concorrência, de forma a evitar distorções significativas no mercado que parecia, então, capaz de se autorregular de forma eficaz. De forma semelhante, no domínio fiscal tornava-se necessário e premente o acesso pela administração tributária e pelos sistemas de justiça às informações bancárias enquanto instrumento essencial de controlo e também de investigação criminal, decorrente de fraudes fiscais com alguma dimensão, quer quantitativa quer qualitativa[7].

Paradigmática, porque configura um instrumento internacional global, foi a aprovação da Convenção contra a Corrupção adotada pela Assembleia Geral das Nações Unidas, em 31 de Outubro de 2003, conhecida como "Convenção de Mérida", e que funcionou como «coroa» de um conjunto de instrumentos internacionais de enorme relevo no domínio da prevenção e repressão da corrupção, «obrigando» os países signatários a adotarem quadros normativos e políticas integradas nesta matéria, adequados a uma mais efetiva e eficaz capacidade de evitar, controlar e investigar patologias.

No caso português, nos anos de transição de século foram produzidas as primeiras leis relativas a instrumentos processuais específicos para investigar a criminalidade económica e financeira organizada, como as ações encobertas e o registo de voz e imagem, a quebra do sigilo bancário

[7] Veja-se, sobre uma perspetiva histórica, no domínio fiscal, Sanches, 2004, p. 63.

e fiscal e mesmo a perda de bens a favor do Estado.[8] Estas leis são ainda hoje essenciais na efetivação de uma política criminal adequada neste tipo de crimes, da qual é exemplo a Lei de proteção de testemunhas.[9]

Do ponto de vista da organização sistémica, emergia uma notória urgência de alterar a estrutura das organizações de controlo e investigação, nomeadamente através de criação e/ou implementação de entidades com competências específicas e especializadas no domínio da investigação criminal e, sobretudo, no tratamento da informação financeira. Por essa razão, expandiram-se as chamadas «Procuradorias» especializadas na criminalidade económica e financeira e na luta contra a corrupção e foram criadas, pela sua importância, as primeiras Unidades de Informação Financeira.

Desenvolveu-se, igualmente, um imparável percurso de compreensão da importância da cooperação internacional em matéria penal como mecanismo essencial de enfrentar o problema. Em Portugal, a promulgação da Lei da cooperação judiciária internacional em matéria penal através da Lei n.º 144/2009, de 31 de Agosto, revogando a anterior Lei de 1991, constituiu um marco fundamental neste domínio, na medida em que veio responder às exigências de articulação internacional, máxime da União Europeia. Da mesma foram, foram exemplos concretos de políticas públicas assertivas a criação de redes de cooperação, de pontos de contacto entre polícias e magistrados nos vários países e, no caso europeu, a criação da Europol e da Eurojust.

Ainda que até aí reguladas em documentos normativos diferenciados e dispersos, sustentados no Código de Processo Penal de 1987, também a articulação funcional entre as instituições de controlo, sobretudo polícias e Ministério Público, teve o primeiro grande enquadramento normativo através da Lei n.º 21/2000, de 10 de Agosto, que consiste na Lei de Organização da Investigação Criminal e onde se encontram definidas as competências e a coordenação e dos vários órgãos com competência para tal.

Da mesma forma, de modo a que se enfrentasse um problema que então era tido como novo, a compreensão da importância de formar quadros

[8] A Lei n.º 101/2001, de 25 de Agosto, relativa aos agentes encobertos e Lei n.º 5/2002, de 11 de janeiro são exemplos.

[9] Lei n.º 93/99, de 14 de julho.

no interior das instituições formais de controlo, máxime das polícias de investigação, dos magistrados do Ministério Público e dos juízes teve um impulso relevante no modo de compreender a amplitude os problemas.

Sublinha-se, igualmente, a disponibilidade política existente nos primeiros anos de século XXI para dotar as instituições de controlo, nomeadamente as judiciais, de meios normativos, organizacionais e mesmo pessoais para enfrentar as necessárias mudanças e/ou alteração de trajetória que se evidenciavam como essenciais.

Toda a disponibilização normativa associada aos resultados de uma formação profissional de polícias e magistrados mais assertiva, em linha com as instâncias internacionais, bem como uma maior consciencialização da importância pública do cumprimento das exigências legais, teve algum impacto no exercício profissional dos órgãos de controlo, nomeadamente no domínio da investigação criminal. Começou a ser notório o aumento de casos investigados e, em algumas situações, foram levadas a termo investigações criminais e concretizados julgamentos envolvendo casos muito mediatizados.

A evolução da situação global envolvendo as patologias da corrupção levou a então Comissão das Comunidades Europeias a elaborar a «Comunicação ao Conselho, ao Parlamento Europeu e ao Comité Económico e Social Europeu sobre uma política global da UE contra a corrupção»[10]. Aí são definidos pontos concretos que deveriam consubstanciar a futura política da UE em matéria de corrupção e, simultaneamente, são estabelecidos «os dez princípios para melhorar a luta contra a corrupção nos países aderentes, nos países candidatos e nos países terceiros», tendo em atenção os processos de adesão de novos países que se encontravam em curso.

A crise financeira mundial de 2008, que implicou um colapso financeiro de longo prazo com sequelas para muitos países da Europa nos anos 2011 a 2013, para além de todas as consequências financeiras e económicas que implicou nas várias economias e na vida dos cidadãos, acabou no entanto por fazer emergir outros protagonistas com enormes responsabilidades no domínio das patologias económicas e financeiras, tal como o sector quase intocável até então que envolvia o sistema financeiro.

[10] COM (2003) 317, 28.5.2003.

Desde então, ficou muito claro para as instituições políticas e de controlo qual a amplitude que as políticas anticorrupção e anti fraude deveriam ter e que, conforme se constatou, provinham de algumas das causas da crise, não sendo nada inocentes, para essas responsabilidades, a atividade bancária e financeira, bem como a sua débil regulação[11]. Sublinha-se a afirmação inequívoca de um, então, governador do Banco de Portugal sobre a atuação, à época, das instituições reguladoras assente na «complacência e inadequação do quadro regulatório aos novos modelos de financiamento e de cobertura de risco»[12].

No caso português, no que o ex-governador apelida de "avaliação retrospetiva", assume o contexto regulatório, à época, «menos exigente (...) e a ausência de medidas que hoje designamos de política macroprudencial» como razão de uma «exuberância creditícia»[13] com origem na aprovação de créditos antes da crise, que levaram a incumprimentos durante este período.

Logo em junho de 2011, a Comissão adotou a comunicação sobre a luta contra a corrupção na UE que previa a elaboração de relatórios anticorrupção para seguir e avaliar os Estados-Membros com vista a um maior empenhamento político para combater a corrupção. Segundo a Comissão, o relatório anticorrupção da UE identificaria as tendências e as deficiências que devem ser retificadas, para além de promover a aprendizagem mútua e o intercâmbio das melhores práticas. A partir de 2013, tal relatório passaria a ser publicado pela Comissão de dois em dois anos. Paralelamente, a UE deveria negociar a sua participação no Grupo de Estados contra a Corrupção (GRECO) do Conselho da Europa, a fim de criar sinergias entre ambos os mecanismos.

Na concretização dessa política, é publicado em 2014 o primeiro relatório da Comissão Europeia[14], que assumiu a relevância da uniformidade de políticas públicas, no âmbito da União.

[11] Um dos primeiros relatórios – *La Rosière*, de 25 de Fevereiro de 2009 – relativo à supervisão financeira na Europa nos anos que antecederam a crise de 2008, evidenciou os elevados valores dos esquemas em que se viram envolvidas as entidades financeiras europeias (Disponível em http://ec.europa.eu/internal_market/finances/docs/de_larosiere_report_en.pdf).

[12] Costa, 2019, p. 288.

[13] Costa, 2019, p. 287.

[14] Cf. RELATÓRIO DA COMISSÃO AO CONSELHO E AO PARLAMENTO EUROPEU RELATÓRIO ANTICORRUPÇÃO DA UE, Bruxelas, 2014, in c.europa.eu/dgs/

Do relatório resultou um guião para o que se pensava ser uma agenda europeia anticorrupção. Desde então, o relatório tem sido uma base de sustentação de grande parte das políticas estruturadas e desenvolvidas em muitas instituições e Estados-Membros.

Tal relatório foi, no entanto, o primeiro e o último a ser publicado.

Até hoje, a UE ainda não se integrou institucionalmente, conforme era seu propósito e intenção desde 2011, como membro do GRECO, sendo apenas um «observador».

Em 2017, constatou-se uma alteração de políticas da UE nesta área, sendo a matéria relacionada com a corrupção tratada de forma parcelar, levando em consideração as situações nos diversos países e não numa perspetiva unitária horizontalmente integrada para todo o espaço europeu. Tal modificação decorreu da inclusão da matéria da corrupção no âmbito das políticas dos Semestres Europeus.

Trata-se de um ciclo anual de coordenação das políticas económicas e orçamentais da EU, pela Comissão e pelo Conselho, com o objetivo de melhorar a sustentabilidade económica e social da União, identificando e concretizando recomendações para cada País em concreto, para que, anualmente, se efetivem as reformas necessárias nos Estados-Membros. As recomendações endereçadas pela Comissão seriam adotadas anualmente de forma a terem em conta os progressos detetados nas várias economias e estão ancoradas nas grandes prioridades definidas pelo Presidente da Comissão todos os anos, por ocasião do discurso sobre o estado da União. Na sua elaboração, as recomendações sustentam-se num diálogo levado a termo em diversos níveis, nomeadamente com o Parlamento Europeu, os Parlamentos Nacionais, as autoridades públicas nacionais dos Estados, os parceiros sociais e a sociedade civil.

Os objetivos fundamentais definidos pela Comissão para o biénio 2017-2018 conformaram, assim, independentemente das recomendações definidas para cada Estado, um enquadramento global sustentado, sobretudo nos esforços que deviam ser desenvolvidos em termos de eficiência no âmbito da prevenção da corrupção e na maior eficiência dos sistemas judiciários.

home-affairs/e-library/documents/policies/organized-crime-and-human-trafficking/corruption/docs/acr_2014_pt.pdf.

No entanto, desde a publicação do relatório de 2014 que não houve qualquer sequência de uma política coerente e consistente, a nível da EU, relativa à corrupção.

A avaliação global recentemente efetuada pelo TCE[15] ao «Semestre Europeu» veio evidenciar as grandes fragilidades ocorridas na sua execução, nomeadamente no controlo efetuado pela Comissão a muitas das políticas propostas e desenvolvidas. Aí se refere que «o Tribunal detetou um pequeno número de casos em que os relatórios por país assinalam questões relacionadas com o Estado de direito, tais como a independência judicial, a corrupção, os conflitos de interesses e a liberdade dos meios de comunicação social. Estes são bons exemplos do contributo que o Semestre Europeu pode dar para o Estado de direito», sublinhando-se, a título de recomendação, que as questões relativas ao Estado de direito no âmbito do Semestre Europeu constituem desenvolvimentos importantes para o futuro.

Regista-se, das respostas dadas pela Comissão ao TCE, a indicação que, no que se refere a apoiar o valor fundamental do Estado de direito para a União Europeia, a Comissão irá publicar anualmente um relatório sobre esta matéria, com capítulos específicos dedicados aos Estados-Membros[16].

Em 2019, com a nova Comissão, não existiu qualquer alusão direta, concreta e autónoma em relação às questões da corrupção nas perspetivas políticas e nos objetivos que conformam as «*Orientações Politicas para a próxima Comissão Europeia 2019-2024*»[17].

Assim, no objetivo 2 – *"Uma economia ao serviço das pessoas"* há uma breve referência à luta contra a fraude fiscal. No objetivo 4 – *"Proteger o modo de vida europeu"* – assinala-se a referência a fazer do Estado de direito uma parte integrante do próximo quadro financeiro plurianual e à complexidade e sofisticação do sistema financeiro que «abriram portas a novos riscos de branqueamento de capitais e financiamento de terrorismo», bem como o consequente apelo a uma «melhor supervisão». No objetivo 6 – *"Um novo impulso para a democracia europeia"* – há apenas um apelo à transparência e a um maior controlo das instituições da União e a

[15] TCE, 2020.

[16] TCE, 2020. p. 64.

[17] Cf https://ec.europa.eu/info/sites/info/files/political-guidelines-next-commission.

proposta de criação de um «organismo de ética, independente e comum a todas as instituições».

Deve sublinhar-se que, em relação às matérias relacionadas com a fraude no âmbito dos interesses financeiros da União, mantém-se alguma estratégia comum, envolvendo, em termos práticos, quer a intervenção de órgãos como o Organismo Europeu de Luta Anti fraude (OLAF) e o Tribunal de Contas Europeu, quer, mais recentemente, a criação da Procuradoria Europeia[18] e as consequentes expectativas da sua entrada em funções.

O primeiro relatório sobre o Estado de direito na UE, publicado em 30 de setembro de 2020[19], veio concretizar essa mudança de perspetiva da Comissão, integrando as matérias da corrupção no eixo Estado de Direito. A sua elaboração assenta num procedimento essencialmente resultante do diálogo entre os Estados e a Comissão.

No relatório as políticas anticorrupção integram um dos quatro «pilares» em que se sustentam as políticas da União no âmbito do Estado de Direito, juntamente com o sistema de justiça, a liberdade de imprensa e os *checks and balances* entre as instituições.

Concretamente sobre as medidas anticorrupção, na análise realizada efetuou-se uma «radiografia» sobre as políticas que vêm sendo desenvolvidas em cada um dos 27 países, incidindo as observações em quatro grandes áreas: (i) estratégias nacionais anticorrupção; (ii) fortalecimento da capacidade do sistema de justiça criminal para combater a corrupção; (iii) desafios que enfrentam a investigação criminal e a aplicação de sanções por corrupção; e (iv) medidas para fortalecer a prevenção à corrupção e estruturas de integridade.

No que respeita à primeira área, salienta-se a relevância dada à existência de estratégias nacionais anticorrupção, quer para assegurar que as disposições anticorrupção são integradas em todos os setores políticos relevantes e têm um impacto efetivo, quer para que, caso ocorram

[18] Um exemplo desta política integrada envolvendo apenas os interesses financeiros da União decorre da aprovação da DIRETIVA (UE) 2017/1371 DO PARLAMENTO EUROPEU E DO CONSELHO, de 5 de julho de 2017 relativa à luta contra a fraude lesiva dos interesses financeiros da União através do direito penal, onde, no artigo 15.º se prevê a cooperação entre os Estados-Membros, a Comissão (OLAF) e outras instituições, como o Tribunal de Contas Europeu a Eurojust e a Procuradoria Europeia.

[19] COM, 2020.

lacunas legislativas institucionais ou individuais, as mesmas não sejam tratadas isoladamente.

Quanto ao fortalecimento dos sistemas de controlo criminal, sublinha-se a referência à necessidade fundamental dos Tribunais, do Ministério Público e dos órgãos de aplicação da lei serem dotados de financiamento adequado, recursos humanos, capacidade técnica e conhecimentos especializados.

Relativamente aos desafios que se projetam para as investigações, há desde logo a perceção de que existem obstáculos à recolha de dados comparativos em toda a UE sobre o tratamento de casos de corrupção nas várias fases do processo penal nos Estados-Membros, o que dificulta todo o trabalho a levar a termo.

Sobre o último ponto, alerta-se para o facto das medidas de prevenção só terem resultados visíveis quando fazem parte de uma abordagem abrangente e que envolvam todos os sectores relevantes.

Pese embora o trabalho diagnóstico efetuado, onde são identificados exemplos de políticas desenvolvidas em alguns países, não é visível, porque não existe, uma política unitária, envolvendo uma resposta aprofundada, consistente, integrada e com dimensões nas várias áreas de intervenção que tenha uma visão alargada dos problemas que tinham sido evidenciados pelos próprios serviços da Comissão no relatório de 2014.

No relatório sobre o Estado de Direito citado[20], a Comissão compromete-se a «estimular o diálogo e a cooperação» usando processos como o Semestre Europeu para destacar os desafios no que diz respeito à eficácia no quadro do combate à corrupção nos Estados-Membros.

Do ponto de vista da *law in action,* a situação pós crise 2008-2012 não se afigura muito assertiva. Poucos ou nenhuns responsáveis foram responsabilizados, tanto do ponto de vista civil como criminal. Nesta última dimensão, muitos casos em que ocorreram indiciações de natureza criminal no despoletar da crise envolvidos em crimes económicos de elevado valor, ou estão bloqueados, ou nunca chegam ao fim, por via da capacidade de se utilizar e contornar o sistema legal vigente.

A nível das instituições de controlo, os resultados práticos, no âmbito europeu, são no mínimo preocupantes.

[20] COM, 2020.

Um relatório elaborado pelo Tribunal de Contas Europeu em 2019 relativo à fraude na União Europeia evidencia grandes fragilidades na deteção, coordenação e resposta às situações de fraude[21]. Refere-se expressamente que a Comissão não conhece suficientemente a dimensão, a natureza e as causas da fraude. Mais especificamente sublinha-se que a Comissão «não possui informações abrangentes e comparáveis sobre os níveis de fraude detetada nas despesas da EU; (...) não criou uma forma de compreender melhor a fraude não detetada de modo a complementar as estatísticas oficiais (...); a informação qualitativa disponível sobre a natureza e as causas da fraude é insuficiente».

Sobre a corrupção e a sua ligação à fraude, o relatório refere especificamente que «estudos realizados com base em aproximações objetivas à corrupção também revelaram que o risco de corrupção pode ser aumentado pela discricionariedade nas despesas e pelo excesso de controlos burocráticos, que funcionam como um obstáculo à entrada de outros fornecedores no mercado, tornando os negócios corruptos mais fáceis de sustentar».

Um outro relatório mais específico da mesma instituição, abrangendo a fraude nas despesas de coesão, evidencia que «no período de programação de 2014-2020, as autoridades de gestão avaliaram melhor o risco de fraude na aplicação dos fundos da coesão (...). Embora tenham melhorado as medidas de prevenção, não realizaram progressos significativos no que diz respeito à deteção pró-ativa da fraude. Além disso, não se desenvolveram procedimentos de acompanhamento e avaliação do impacto das respetivas medidas de prevenção e de deteção. No domínio da resposta à fraude, as autoridades de gestão, em coordenação com outros organismos de luta antifraude, não foram suficientemente reativas a todos os casos de fraude detetados. Mais concretamente, as modalidades de comunicação são insatisfatórias, algumas autoridades de gestão não comunicam sistematicamente as suspeitas de fraude às entidades competentes, as medidas corretivas têm um reduzido efeito dissuasor e a coordenação das atividades antifraude é insuficiente»[22].

Uma nota significativamente negativa do relatório é a constatação de que a «dissuasão limita-se à ameaça de retirada de financiamento da

[21] TCE, 2019 (a).
[22] TCE, 2019 (b).

UE, sem outras penalizações ou sanções dissuasoras». Isto significa que as instituições de controlo «forte», como os tribunais, não funcionam adequadamente neste domínio.

Por outro lado, não obstante as graves repercussões das crises referidas, o discurso da economia continua a ser um discurso com implicações fortíssimas, tendo-se convertido na razão essencial do discurso público e privado da governação pública[23] e, consequentemente, da própria vida diária dos cidadãos.

Os mercados e os seus representantes, atuando como «principais» atores económicos, não deixaram de continuar a ser vistos como uma espécie de dogma, com alguma dimensão de personagens «intocáveis», condicionando as políticas públicas e as vidas dos cidadãos.

Dir-se-ia, como referem alguns autores, que a economia se elevou ao estado de "valor", equivalendo-se e, nalguns casos, substituindo valores institucionais[24], como a virtude, a responsabilidade ou tão só a lealdade.

Paradoxalmente, do ponto de vista económico, continua a verificar-se um aumento das desigualdades, nomeadamente o fosso entre países ricos e pobres e, simultaneamente, uma não diminuição dos fenómenos de corrupção. Os dados são inequívocos: em 2017, «em todos os países da OCDE, as pessoas com baixos rendimentos dão conta de um nível mais elevado de necessidades não atendidas em matéria de cuidados médicos do que as pessoas com rendimentos mais elevados»[25]. De igual modo, refere o estudo, «os estudantes socioeconomicamente desfavorecidos têm quase três vezes mais probabilidades do que os estudantes com melhor situação económica de não alcançarem o nível de referência de competências em ciências»[26].

Por outro lado, os exemplos concretos que nos primeiros anos do século XXI justificaram um enorme otimismo quanto às relações económicas e financeiras entre os interesses públicos e os interesses privados, com repercussões jurídicas impactantes como foi o caso das PPP, vieram a demonstrar, com o tempo, constituírem uma enorme fonte de problemas, para além da fragilíssima efetividade que evidenciaram.

[23] Sublinhando esta situação, no domínio da educação, com repercussões negativas numa verdadeira educação para a cidadania, Nussbaum, 2019, p. 35 e ss.

[24] Assim, Monte, 2010, p. 727.

[25] OCDE, 2017.

[26] OCDE, 2017.

A nível europeu, um relatório de 2018 do Tribunal de Contas Europeu[27] evidencia que o regime das PPP na Europa é um exemplo de tais fragilidades e ineficiências com custos elevados para a dimensão pública. O TCE examinou 12 PPP cofinanciadas pela UE em França, Grécia, Irlanda e Espanha, nos domínios do transporte rodoviário e das tecnologias da informação e comunicação (TIC). Os Estados-Membros analisados foram responsáveis por cerca de 70% do custo total dos projetos (29,2 mil milhões de euros) das PPP apoiadas pela EU. Pela sua relevância referem-se apenas algumas das conclusões: «(1) O Tribunal constatou que, apesar de as PPP terem potencial para acelerar a execução das políticas públicas e assegurar bons níveis de manutenção ao longo do seu tempo de vida, as PPP apoiadas pela UE que foram auditadas nem sempre foram geridas de forma eficaz e não proporcionaram uma otimização dos recursos adequada. Frequentemente, os potenciais benefícios das PPP auditadas não se concretizaram, pois, à semelhança do que acontece com os projetos sujeitos a um procedimento de contratação tradicional, ocorreram atrasos, aumentos de custos e subutilização das realizações dos projetos, o que deu origem a 1,5 mil milhões de euros de despesas ineficientes e ineficazes, das quais 0,4 mil milhões provenientes de fundos da EU (...); (2) O Tribunal constatou que a execução de projetos de escala superior à habitual e a junção, num único contrato, das fases de conceção, financiamento, construção, exploração e manutenção de um projeto, aumentavam o risco de baixos níveis de concorrência (colocando assim a autoridade pública numa posição de dependência) e a complexidade global dos projetos (...); (3) Na maioria dos projetos auditados, a escolha da opção PPP não produziu os benefícios esperados das PPP em termos da conclusão do projeto de acordo com o prazo e o orçamento (...); (4) Nos projetos auditados, as avaliações realizadas pelos parceiros públicos e privados e pelos mutuantes não impediram a elaboração de cenários excessivamente otimistas quanto à procura e utilização futuras da infraestrutura planeada. Por exemplo, as estimativas de tráfego para alguns dos troços de autoestrada na Grécia e em Espanha ficaram muito abaixo da capacidade potencial, e a taxa de utilização real dos projetos de banda larga auditados em França e na Irlanda ficou bastante aquém das previsões (até 69%), resultando, assim, numa otimização dos recursos e numa eficácia

[27] TCE, 2018.

inferiores às esperadas (...); (5) A maioria dos projetos auditados não foi objeto de uma análise comparativa, como o comparador do setor público, para demonstrar que uma PPP proporcionava a melhor otimização dos recursos ou para proteger os interesses públicos garantindo condições equitativas em relação a métodos de contratação pública diferentes (...).»

A fragilidade de instrumentos jurídicos utilizados em larga escala na Europa para uma aplicação de dinheiros públicos por via da gestão de entidades privadas pôs em causa, de forma inequívoca, a boa gestão de tais verbas públicas, com enorme relevância quantitativa. Por isso, conforme se verifica no relatório, a desconfiança absolutamente justificada que esses instrumentos comportam, transmite uma diminuição drástica da confiança nas instituições públicas, que insistem em levar a termo tais procedimentos sem levar em consideração as recomendações efetuadas, mesmo depois de avaliações como a que foi realizada pelo TCE.

A OCDE corrobora essa fragilidade da confiança nas instituições. O relatório referente a 2017[28] é muito claro nesta matéria: «a confiança nas instituições públicas é reduzida, e a perceção de que as políticas dos governos favorecem grupos de interesses, tem aumentado acentuadamente». Neste domínio há uma espécie de caminho para o «grau zero» da confiança pública nas instituições.

Por outro lado, emergem fenómenos de governação populista, doutrinal e não estruturada, mas com aparência de grande atratividade, que enveredam por políticas públicas restritivas de direitos fundamentais ou pela exacerbação de problemas sociais transnacionais decorrentes, nomeadamente, de migrações desordenadas.

Este é o quadro, ainda que a traço largo, dos efeitos da crise. Alguns autores falam, por isso, na «idade da regressão»[29], como se vivêssemos numa espécie de «marcha atrás» civilizacional ou num tempo de «modernização regressiva».

A este panorama acresce, muito recentemente, a incerteza das consequências decorrentes da pandemia provocada pela COVID-19. Sendo ainda muito cedo para efetuar uma análise sobre a dimensão, da crise económica e financeira, que se antecipa fortíssima, é previsível que os

[28] OCDE, 2017.

[29] A expressão consta, em várias intervenções, na obra coletiva, que analisa as múltiplas perspetivas da situação atual decorrente das crises – cf. AA.VV.2017.

fenómenos patológicos que envolvem a gestão de recursos públicos sejam potenciados. O afastamento de regras de controlo prévio, no caso português, ou a agilização das normas da contratação pública, que ocorreu igualmente noutros países, facilitando dimensões mais simples de contratação como o ajuste direto, prognosticam situações de menor rigor em escolhas ou mesmo fenómenos de favorecimento ou conluio, bem como outras situações mais graves.

2. Corrupção: um conceito «elástico»[30]

A corrupção é uma patologia grave e extensa do sistema social, político e económico que afeta diretamente os cidadãos. É, por isso, um problema da sociedade e do modo como é bem ou mal governada.

Corrupção e Estado de Direito, corrupção e democracia, corrupção e *good governance*, economia e corrupção, são alguns tópicos através dos quais se vêm tratando várias questões patológicas dos sistemas de governo, ultrapassando de forma inequívoca a dimensão criminal do crime de corrupção.

A análise, o estudo e a definição de políticas contra a corrupção pressupõem o entendimento amplo deste conceito. Trata-se, aliás, de uma perspetiva que finalmente parece ter sido adotada por alguma doutrina, nomeadamente no âmbito da emergência de políticas públicas contra a corrupção. Por isso, alguns desenvolvem o aspeto «proteiforme»[31] da corrupção, exatamente no sentido de aí enquadrar vários tipos criminais «vizinhos» que, ainda que não envolvam a tutela de bens jurídicos idênticos aos da corrupção, no sentido estrito, tutelam a probidade no exercício das funções públicas ou outros bens jurídicos similares ou conexos.

Está em causa uma nova abordagem conceptual que, mesmo no domínio criminal, não é hoje sobreposto ao clássico conceito de corrupção como crime, e que apenas põe em causa a autonomia intencional do Estado.

Neste sentido, não é despicienda a discussão sobre o bem jurídico complexo que ultrapassa a noção clássica da proteção do Estado e da sua

[30] Os pontos 2 e, parcialmente, 3 deste capítulo, constituem parte do artigo publicado na revista *JULGAR*, «Corrupção, Estado de Direito e Cooperação: a experiência de um instrumento de cooperação internacional (PACED)», elaborado em co-autoria com Maria Teresa Santos e Nuno Coelho (Santos, Coelho, Lopes, 2019).

[31] Assim, Bouvier, 2019, p. 19.

autonomia intencional, impedindo a «transação com a autoridade»[32]. Será importante recordar que esta dimensão ampla de bem jurídico, "complexo" ou "compósito", é reconhecida pelo próprio Tribunal Constitucional como constitucionalmente assegurada, nomeadamente em duas das declarações de voto expressas no Acórdão n.º. 178/2012 (relativo à inconstitucionalidade do projeto de lei do crime de «enriquecimento ilícito» – votos de vencido do Conselheiro Vítor Gomes e do Conselheiro Moura Ramos).

A abrangência desta dimensão patológica comporta um conjunto alargado de crimes diversificados, mas também um outro conjunto de patologias não necessariamente de natureza criminal que, pela sua ostensiva gravidade, põem em causa o que se entende por «boa governação».

Constata-se um «transvaze» da matéria da corrupção para domínios que vão muito para além das patologias criminais, nomeadamente nos estudos políticos, na economia, na criminologia, na sociologia, na ética, ou mesmo na gestão.

O discurso jurídico sobre a corrupção ultrapassa hoje, por isso, as barreiras dos Códigos Penais onde, tradicionalmente, era exclusivamente tratado.

A dimensão operativa do conceito de corrupção, por via essencialmente das várias concretizações que em termos de políticas públicas comporta, não pode prescindir desta perspetiva.

Temos seguido um modelo de análise e compreensão em círculos envolvendo o conceito amplo de corrupção.

Assim, identificamos no núcleo um conjunto de tipos criminais que envolvem os crimes de corrupção *stricto sensu*, nas suas vertentes de corrupção ativa e passiva (art. 373.º e 374.º do Código Penal), de cargos políticos (art. 17.º e 18.º da Lei n.º 34/87, de 16 de julho), do recebimento indevido de vantagens (art. 372.º do Código Penal), do recebimento indevido de vantagens de titulares de cargos políticos (art. 16.º da Lei n.º 34/87, de 16 de julho) e do «enriquecimento injustificado ou ilícito», nos países em que este último configura um ilícito criminal.

Num segundo círculo, mais alargado, encontramos os crimes de tráfico de influências (art. 335.º do Código Penal), de abuso de poderes (art. 382.º do Código Penal), de abuso de poder por titular de cargo político (art. 20.º da Lei n.º 34/87, de 16 de julho), peculato (art. 375.º do Código

[32] Cf. também neste sentido Santos, Bidino, Melo, 2009, p. 7.

Penal), de peculato por titular de cargo político (art. 20.º da da Lei n.º 34/87, de 16 de julho), de participação económica em negócio (art. 377.º do Código Penal), de participação económica em negócio por titular de cargo político (art. 23.º da Lei n.º 34/87, de 16 de julho), de concussão (art. 379.º do Código Penal), de administração danosa (art. 235.º do Código Penal) e de prevaricação por titular de cargo político (art. 11.º da Lei n.º 34/87, de 16 de julho) que tutelam bens jurídicos diferenciados, dando cobertura a realidades diversas do ponto de vista criminal, mas que põem em causa de uma forma ampla a «boa governação» do Estado e/ou da economia. Nesta dimensão podem enquadrar-se, igualmente, um conjunto de crimes que se prendem com patologias de natureza tributária, nomeadamente a burla tributária (art. 87.º da Lei n.º 15/2001, de 15 de junho), a frustração de créditos (art. 88.º da Lei n.º 15/2001, de 15 de junho) ou a fraude fiscal (art. 103.º e 104.º da Lei n.º 15/2001, de 15 de junho), com reflexos diretos nas finanças públicas de um qualquer Estado. Ainda neste amplo círculo encontramos o crime de branqueamento de capitais (art. 368-A.º do Código Penal).

Num terceiro círculo identificam-se as patologias indiretas ligadas à corrupção do sistema político, nomeadamente o financiamento ilegal ou irregular dos partidos políticos e das campanhas eleitorais (art. 28.º da Lei n.º 19/2003, de 20 de junho), sendo que nos Estado de Direito democráticos é nos partidos políticos que se sustenta praticamente todo o «jogo democrático».

O relatório da OCDE relativo ao Financiamento da Democracia (*Financing Democracy – Funding of Political Parties and Election Campaigns and the Risk of Policy Capture*[33]), de 4 de fevereiro de 2016, é inequívoco em afirmar a fragilidade desta matéria e a necessidade de existirem quadros normativos e sancionatórios efetivos e eficazes que permitam concretizar uma política pública transparente no domínio do financiamento dos partidos e das campanhas eleitorais.

Num quarto círculo, mais alargado, identificam-se as patologias que envolvem a corrupção passiva e ativa no sector privado (art. 8.º e 9.º da Lei n.º 20/2008, de 21 de abril) e a corrupção ativa no comércio internacional (art. 7.º da Lei n.º 20 (2008, de 21 de abril). As distorções concorrenciais que decorrem desta situação afetam todo o funcionamento do mercado,

[33] OCDE, 2016.

com as consequentes perdas para empresas, países e cidadãos. Instituições como o Banco Mundial ou o Conselho da Europa, através do GRECO ou a OCDE, insistem na necessidade de desenvolver e salientar a questão da corrupção «privada», tanto numa perspetiva de diagnóstico, como numa perspetiva de «tratamento» daquela patologia.

Num outro círculo podemos identificar o domínio da corrupção ativa e passiva no âmbito do desporto (art. 8.º e 9.º da Lei n.º 50/2007, de 31 de agosto) ou tráfico de influência no âmbito desportivo (art. 10.º da Lei n.º 50/2007, de 31 de agosto), cuja relevância é atualmente indiscutível atenta a dimensão que a fraude neste domínio comporta. Sobre esta dimensão, que nos tempos mais recentes assumiu uma amplificação evidente sobretudo na área de alguns desportos profissionais, salienta-se o Parecer da PGR n.º 32/2017, onde expressamente se refere que «o conceito de infrações em matéria de corrupção não autoriza distinções». Sublinhe-se a referência expressa no Parecer ao facto de que a «venalidade do comportamento corrupto não apresenta diferenças significativas entre os crimes de corrupção desportiva e os demais crimes de corrupção, não obstante a diversidade dos bens jurídicos a proteger e independentemente de motivações de filiação desportiva e de circunstâncias desportivas que envolvam a sua prática»[34].

Finalmente, e ainda envolvendo a dimensão patológica do uso e gestão do dinheiro público embora já não numa perspetiva criminal, importa identificar um círculo mais vasto, mas não menos relevante, envolvendo ilegalidades de natureza administrativa, contraordenacional e sobretudo financeira que, pela sua diversidade e amplitude são, quase sempre, omitidas nas abordagens académicas e legislativas Neste círculo, assumem relevância as infrações contraordenacionais de natureza financeira envolvendo o sector bancário e, nalgumas situações, infrações de natureza económica e concorrencial, envolvendo sobretudo matéria relativa à concorrência. No entanto, sublinha-se com especial relevo a dimensão específica da responsabilidade financeira (art. 59.º e 65.º da Lei n.º 98/97 de 26 de agosto) com as suas especificidades dogmáticas, mas que, no limite, se enquadram ainda neste âmbito.

Este diverso catálogo de patologias conforma aquilo que denominamos como **círculo patológico dos sistemas de governação,** envolvendo

[34] PGR, 2018.

dinheiros públicos e privados enquadrados num conjunto alargado de categorias jurídicas diversificadas, onde se identificam ilicitudes penais e não penais, perfeitamente autónomas, que devem ser vistas numa perspetiva sistémica.

QUADRO 1

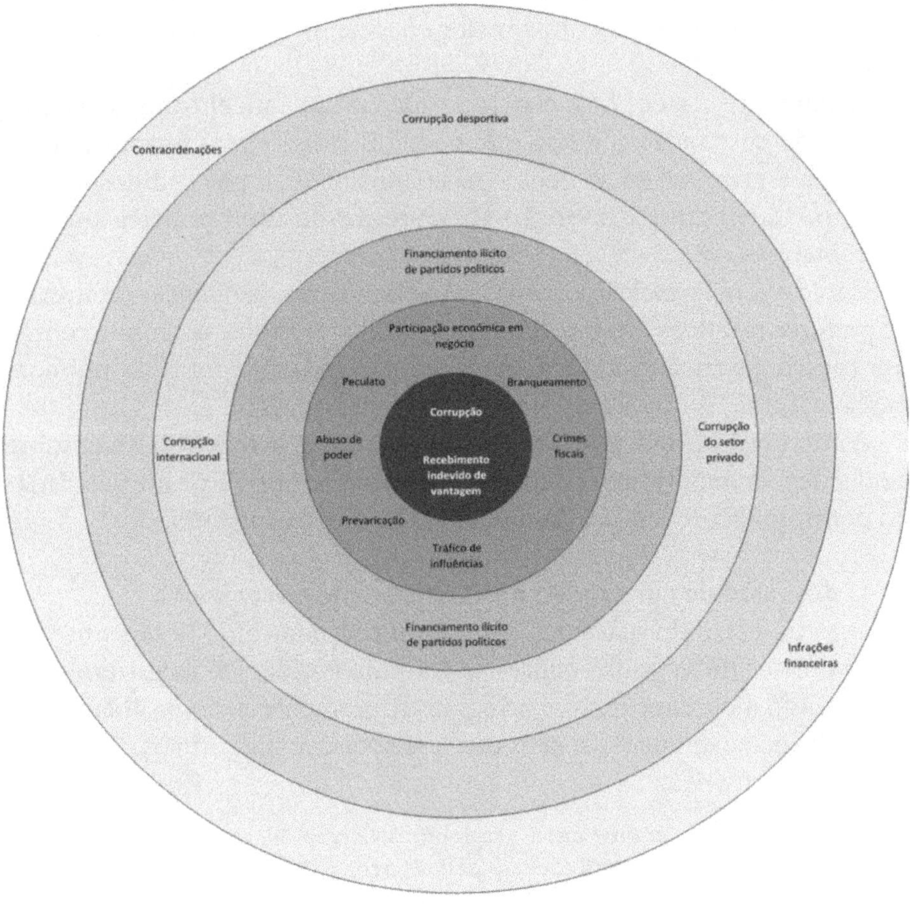

Este enquadramento parece ter estado na origem do levou a que, pela primeira vez em 2014, no primeiro Relatório Anticorrupção da Comissão ao Conselho e ao Parlamento Europeu, a Comissão Europeia tenha assumido a relevância de utilizar o conceito amplo de corrupção como «todo e qualquer abuso de poder em benefício próprio» e, através dele, condicionar as políticas públicas que, nesta matéria, devem ser desenvolvidas na União Europeia.

Deve sublinhar-se que os quadros legislativos internacionais aprovados nos últimos anos manifestaram claramente o propósito dos Estados se munirem de instrumentos legais de modo a enfrentarem a corrupção como um problema global[35], permitindo uma abordagem que obstaculize separações ou fronteiras muito cerradas entre dimensões públicas e privadas, possibilitando uma maior eficácia na resolução concreta dos problemas.

Igualmente, parece hoje claro que apenas um conceito amplo e polissémico de corrupção[36], ainda que não coincidente, em termos penais, com o tipo criminal estabelecido nas Convenções e nos códigos penais, pode permitir uma dimensão abrangente de uma política pública coerente e eficaz.

Como refere Pocock, a corrupção conforma uma «tendência a converter os poderes públicos em interesses privados»[37], sendo esta compreensão um tópico essencial que deve condicionar todas as políticas públicas nesta matéria.

A corrupção é, por isso, um conceito voraz, por vezes plástico, sobre o qual devem incidir uma pluralidade de políticas públicas diferenciadas no domínio da prevenção, da investigação ou da repressão.

3. O desgaste da corrupção nos sistemas de governação

O largo espectro de situações que foram referidas mostra-nos um conjunto de atos ilícitos subjacentes ao "círculo patológico da governação" envolvendo a corrupção, que atingem diretamente todo os cidadãos e, por reflexo, o exercício dos seus direitos sociais e individuais.

[35] Vejam-se a Convenção Interamericana contra a Corrupção, concluída no quadro da Organização dos Estados Americanos em 29 de Março de 1996, a Convenção Penal sobre a Corrupção do Conselho da Europa, assinada em Estrasburgo a 30 de Abril de 1999, a Convenção da União Africana para a Prevenção e a Luta Contra a Corrupção e Crimes Assimilados, aprovada em Maputo em 11 de Julho de 2003, a Convenção da Nações Unidas contra a Corrupção assinada em Mérida, no México, em 31 de Outubro de 2003 e a Convenção da OCDE sobre a luta contra a corrupção de agentes públicos estrangeiros nas transações comerciais, de 17 de janeiro de 1997.

[36] Houlette, 2019, p. 28. No mesmo sentido parece convergir Veiga, 2019, esp. p. 771.

[37] Pocok, 2013, p. 91.

Todos os indicadores mundiais conhecidos evidenciam que há uma relação econométrica, num sentido lato, entre uma maior ou menor taxa de corrupção de um País e o seu desenvolvimento económico, mas também uma idêntica relação entre a taxa de corrupção e o seu desenvolvimento democrático. Altos níveis de corrupção estão associados a fracos níveis de desenvolvimento económico, político e social.

Numa dimensão cada vez mais impressiva e a suscitar mais desenvolvimento e interesse no domínio da investigação, encontra-se a questão dos custos da corrupção para a sociedade.

Segundo o Relatório Anticorrupção da EU de 2014, «estima-se que os custos da corrupção para a economia da EU se elevem a € 120 mil milhões por ano, apenas um pouco menos que o orçamento anual da EU»[38].

Em 2018, um estudo apresentado no Parlamento Europeu pelos Verdes identifica valores anuais de perdas com custos da corrupção[39] na União Europeia na ordem dos € 904 mil milhões. No que respeita a Portugal, o mesmo relatório estima estes custos em € 18.2 mil milhões.

Os vários estudos do Banco Mundial e do Fundo Monetário Internacional (FMI) são claros na evidência dessas consequências da corrupção, tanto para as contas públicas dos Estados como para as empresas públicas e privadas.

Um recente estudo efetuado no âmbito do FMI sobre a dimensão da corrupção nas empresas estatais, que abrangeu 88 países, evidencia essa dimensão, nomeadamente o impacto negativo no desempenho económico de tais empresas por via da vulnerabilidade aos políticos e funcionários corruptos[40]. Aí se demonstra que as empresas estatais são mais vulneráveis a um ambiente de corrupção que as empresas privadas. Da mesma forma, é demonstrado que, quando a corrupção é elevada ou a transparência fiscal é baixa, o desempenho das empresas é significativamente mais fraco.

Um exemplo impactante sobre a dimensão da corrupção no sector privado é dado pela situação ocorrida no Brasil, nomeadamente pelo envolvimento de uma grande empresa pública e um conjunto de grandes empresas privadas com ramificações a vários países da América latina, África e mesmo

[38] Disponível em http://www.cpc.tcontas.pt/documentos/relatorios/relatorio_anticorrupcao_ue.pdf.

[39] https://www.greens-efa.eu/files/doc/docs/e46449daadbfebc325a0b408bbf5ab1d.pdf.

[40] Baum, Hacckney, Medas, Sy, 2019.

na Europa. O desenvolvimento dos processos criminais, nomedamente na sua dimensão pública, vem demonstrando tanto a cumplicidade e interligação direta entre empresários, políticos e gestores públicos[41] como a transnacionalidade dos esquemas de corrupção, não apenas em vários países de um continente, mas numa dimensão transcontinental.

A relação entre a evasão fiscal e a corrupção assume hoje, igualmente, uma dimensão inquestionável. Um estudo efetuado em 2015 e publicado em 2016[42] evidencia que a corrupção permite a evasão fiscal tornando mais fácil para os contribuintes ocultar o seu rendimento, enquanto a evasão fiscal pode contribuir para a corrupção, criando oportunidades para prosperar. O estudo demonstra, igualmente, que a corrupção é um fator de evasão fiscal, salientando ainda a relevância das políticas públicas terem que levar em consideração a relação clara entre as duas situações.

Recorde-se que as patologias relacionadas com a corrupção afetam todos os cidadãos naquilo que muitas vezes lhes é mais impressivo: a restrição dos seus direitos sociais, por via da distorção da economia e da consequente diminuição dos seus rendimentos. Numa economia onde a corrupção e a fraude imperam, alguém tem que «pagar o almoço» e, por regra, essa «fatura» recai nos cidadãos. Todos os cidadãos.

A corrupção comporta um problema grave de desigualdade, de desproporcionalidade e, simultaneamente, de falta de confiança nas instituições que, pela sua relevância social, fragilizam a própria democracia.

Numa outra dimensão, o que se constata hoje é que o sistema económico controla, de facto, a dimensão pública da governação, condicionando e absorvendo todos os discursos que a envolvem. Alguns autores falam, com propriedade, da subordinação do político ao económico. É este o caso das pessoas singulares que dominam grupos privados e que «detêm um poder de decisão unilateral análogo, no plano material, ao dos poderes públicos»[43]. Trata-se de um fenómeno que não está restringido a um espaço político circunscrito e determinado, mas é transnacional.

As políticas públicas e privadas condicionam toda a economia global, tendo efeitos horizontais em todos os Estados. Isto mesmo sublinha Surel,

[41] Para uma visão mito completa sobre a «operação lava jato» e as suas consequências, são exemplares as obras de DALAGNOL (2019) e NETTO (2019).

[42] ALM/MARTINEZ-VASQUEZ, MCCLELLAN, 2016.

[43] DELMAS-MARTY, 2007, p. 139.

quando refere que «a economia, durante muito tempo comandada principalmente pelos Estados é, cada vez mais, governada por um conjunto numeroso de atores públicos e privados localizados em diferentes níveis de governação. Administrações, empresas, grupos de interesse, "*think thnks*" elaboram regulamentações complexas e evolutivas num quadro institucional frágil»[44].

Os vários relatórios internacionais têm demonstrado a gravidade e as enormes vulnerabilidades dos sistemas de governação e de fiscalização. Mas mostram, também, as ligações muito próximas e de grande cumplicidade entre os intervenientes no sistema financeiro e económico, os agentes políticos e mesmo com entidades reguladoras e fiscalizadoras.

Segundo Delmas-Marty, a «globalização económica e financeira não perturba apenas as categorias jurídicas, afeta a repartição dos poderes»[45]. Nalguns casos, segundo outros, esta repartição dilui-se claramente e, ao contrário, exibe-se «uma confusão» de poderes que decorre da «estrita aliança entre poderes políticos públicos e poderes económicos privados»,[46] sendo muito impressiva a subordinação dos primeiros aos segundos.

A interligação ou a conexão entre quem desempenha funções públicas com uma dimensão privada, que envolve muitos dos que foram, são ou podem vir a ser «servidores» públicos, conforma uma enorme deslegitimação fática do exercício dos poderes públicos. A inexistências de filtros e fronteiras claras entre a esfera pública e a esfera privada, não permitindo muitas vezes evidenciar a necessária diferenciação, é absolutamente corrosiva para o próprio sistema democrático. Trata-se de um fenómeno que não é nacional, ou seja, não está restringido a um espaço político circunscrito e determinado.

Vários casos concretos de grande repercussão pública e alguns relatórios evidenciam as ligações muito próximas e de grande cumplicidade entre os agentes e intervenientes no sistema financeiro e económico e os agentes políticos, bem como entre entidades reguladoras e fiscalizadoras e as instituições fiscalizadas. Na dimensão financeira, esta realidade assume contornos muito nítidos, sendo por via disso questionada a dimensão concreta da independência, legalmente atribuída, aos órgãos reguladores.

[44] SUREL, 2012, p. 46.

[45] DELMAS-MARTY, 2007, p. 145.

[46] FERRAJOLI, 2011, p. 53.

Um dos sintomas mais preocupantes relacionados com patologias decorrentes de uma governação não transparente, suscetível de criar processos de erosão na confiança pública dos cidadãos nos sistemas de governação, decorre do não tratamento do conflito de interesses.

O aumento de situações vindas a público nesta matéria, tanto no âmbito nacional como no domínio internacional e em matéria relacionada com o exercício simultâneo ou sucessivo de funções públicas e privadas, impõem uma análise mais cuidada sobre a questão.

Podemos definir "conflito de interesse" como qualquer situação em que um agente público, por força do exercício das suas funções, tenha de tomar decisões ou tenha contacto com procedimentos administrativos de qualquer natureza que possam afetar ou pôr em causa interesses particulares ou de terceiros e que, por essa via, prejudiquem ou possam prejudicar a isenção e o rigor das decisões administrativas que tenham que ser tomadas, ou que possam suscitar a mera dúvida sobre a isenção e o rigor que são devidos ao exercício das funções públicas.

Deve recordar-se que o tratamento de conflito de interesses no âmbito do direito privado, concretamente no domínio societário, tem uma dimensão específica substancial, dogmaticamente tratada e com caraterísticas próprias, de modo a garantir os interesses societários, nomeadamente a obtenção de lucro[47]. Neste âmbito, são muito frequentes, e necessariamente tratados e garantidos de um ponto de vista regulador, os possíveis conflitos de interesse de quem gere uma empresa, nomeadamente quando a atividade de gestão da mesma não é da competência dos detentores do capital social.

No conflito de interesses «desvanece-se, em primeiro lugar, a representatividade jurídica ou legal da instituição estatal (...). Mas desvanece-se, também, a representatividade política dos eleitores por via dos condicionamentos que exercem sobre as mesmas os interesses pessoais dos representantes»[48].

No âmbito da dimensão pública deve, no entanto, alargar-se a análise de modo a que seja integrado um conjunto de atuações de sujeitos envolvidos nos processos de decisão que não necessariamente os próprios titulares de cargos públicos. Podem igualmente ser geradoras de

[47] Ver, por todos, AAVV, 2010.

[48] Ferrajoli, 2011, p. 55 e 56.

conflito de interesses situações que envolvam trabalhadores, consultores ou outros colaboradores, na medida em que participaram, direta ou indiretamente, em decisões que envolveram a entidade privada na qual ingressaram ou, por via de uma qualquer colaboração, tiveram acesso a informação privilegiada com interesse para essa entidade privada ou, também, porque podem ter influência na entidade pública onde exerceram funções através de ex-colaboradores.

Para alguns autores, a expansão dos fenómenos de corrupção, muito ligados à total ausência de inibições no domínio dos conflitos de interesses e, sobretudo à incapacidade de controlo destes esquemas envolvendo políticos, empresários, autarquias, evidencia uma demissão da política e uma preocupante incapacidade de agarrar o espirito do tempo, num «desapego não apenas à lei e à moralidade mas mesmo dos princípios democráticos»[49]. Pode dizer-se que, neste âmbito, está em causa, essencialmente, a oposição entre uma cultura de virtude no exercício dos poderes e uma cultura egoísta, de interesse próprio, que coloca de lado qualquer interesse público.

Toda esta realidade conforma hoje um enorme desgaste nos sistemas públicos de governação (e de controlo), pondo em evidência, não apenas as debilidades dos sistemas económico, financeiro, politico e social, mas, sobretudo, permitindo a fragilização preocupante da arquitetura do sistema democrático, colocando em causa a confiança que as instituições devem merecer aos cidadãos.

4. Corrupção e populismo[50]

Na sustentação dogmática que suporta as políticas criminais da atualidade evidencia-se uma trajetória divergente da aplicação de princípios «clássicos» que, até aos primeiros anos deste século, toda a construção da doutrina penalista vinha conformando, assente em princípios de *ultima ratio*, de intervenção mínima e subsidiariedade ainda que com algumas oscilações.

Assim, e numa primeira constatação, surgem as respostas a alterações de comportamentos ou evoluções sociais que as sociedades comportam, como é o caso do impacto das novas tecnologias, da rapidíssima evolução

[49] Rodotá, 2017, p. 13.

[50] Segue-se, neste ponto, com alterações, Lopes, 2017, p. 125 e seguintes.

da ciência ou mesmo de novos riscos societários. Matérias como a cibernética, a proteção ambiental, a manipulação genética, o fim da vida e o modo de as encarar em circunstâncias extremas são exemplos que necessariamente suscitam a oscilação de tipos penais tradicionais, tanto por via da amplificação da sua criminalização como da sua redução.

Numa segunda via, mais generalizada e com uma enorme evolução dogmática, tanto do ponto de vista substantivo como adjetivo e, diga-se, de aceitação pública a nível global, encontram-se as respostas aos fenómenos do terrorismo, ainda que decorrente de várias e diversas alterações.

Numa terceira linha encontramos fenómenos conjunturais com enorme impacto público nas sociedades, nomeadamente na segurança pública, na desigualdade económica e social ou no modo de ambas serem percecionadas pelos cidadãos. Assim, situações como os fluxos migratórios abrangentes e pouco controlados, os fenómenos de violência extrema, ainda que pontual, contra pessoas ou grupos ou as responsabilidades individuais ou coletivas decorrentes da crise financeira suscitam linhas de discussão dogmática por regra sustentadas na ampliação do âmbito penal, tanto no sentido de «mais crimes» ou «penas mais severas» para quem os comete, como no sentido de «quebra» ou distensão de garantias processuais.

Ainda que não ocorra uma sobreposição total, é nesta linha de discussão que se enquadra o populismo penal.

Quando assumimos a noção de "populismo penal" estamos, naturalmente a identificar aquelas correntes dogmáticas desenvolvidas, entre outros, nos EUA, por John Pratt e Julian V. Roberts e, na Europa, por Denis Salas, em que a política penal se configura na adoção de leis repressivas, de natureza substantiva e adjetiva, sustentadas em finalidades políticas e eleitorais. Estas leis têm o objetivo de aumentar o capital político de quem as aprova, sem levar em consideração a eficácia e os efeitos das mesmas mas, sobretudo, sustentadas numa mediatização dos fenómenos judiciais[51].

A popularidade destas teorias tem suscitado a adesão, mas também o seu questionamento, em praticamente todas as áreas do globo[52].

[51] Cf. Roberts, 2003; Pratt, 2007; Salas, 2008; em relação ao Canadá, Dumont, 2011.

[52] Para uma visão na Argentina e América do Sul, cf. Elbert, 2011.

Segundo Roberts, pode encontrar-se uma explicação para a expansão rápida e horizontal deste fenómeno essencialmente por quatro tópicos: « (i) regresso da direita democrática ao poder após algumas décadas de liberalismo; (ii) oportunismo político; (iii) desconhecimento público do fenómeno criminal devido, entre outros, à importância crescente da cobertura mediática do crime violento; (iv) medos, insegurança e ansiedade decorrentes das modificações sociais deste fim da modernidade».

Curiosamente, os recentíssimos fenómenos que acompanham a pandemia, explorando medos para apresentar soluções «nacionalistas» para um problema global, parecem dar uma outra dimensão a esta corrente.

Outros autores, como Pratt, acrescentam ainda a questão do «declínio da consideração das respostas das autoridades perante a mundialização das práticas penais»[53] como justificação para o alargamento de tais políticas. Para outros autores, como Zanatta as posições populistas são mais «um anticorpo, nunca chegando a ser uma visão alternativa do mundo»[54].

Denis Salas, por outro lado, sublinha, de forma enfática, o papel da mediatização e da comunicação social no condicionamento total de toda a atividade relacionada com a justiça e a segurança, nomeadamente em função do impacto que qualquer ato tem na opinião pública e o modo como é amplificado. «A fluidez extrema da sociedade, a sua permeabilidade às inquietações coletivas e a reatividade dos novos meios de comunicação reforçam o imediatismo democrático», refere o autor[55].

O que está em causa no populismo penal é o exacerbar da procura de segurança pública através de respostas punitivas que emergem por via de um apelo à emoção social, essencialmente sustentadas no sentimento de medo que é transmitido aos cidadãos, nomeadamente pela amplificação mediática de certos casos concretos violentos, que, face às estatísticas conhecidas, não expressam a realidade criminal de uma sociedade.

Trata-se, num primeiro momento, de políticas sustentadas numa emergência do discurso da segurança e que acentuam (quase) sempre o endurecimento do sistema penal, tanto por via de uma restrição do exercício de direitos processuais, como, no domínio substantivo, no aumento puro e simples das penas de prisão.

[53] Pratt, 2007.

[54] Zanatta, 2014, p. 12.

[55] Salas, 2012, p. 211.

Como refere Elbert, sublinhando a força que esta ideologia assume na Argentina, «o populismo penal é uma atitude radicalmente pragmática ante os problemas político-criminais, que concebe como fáceis de resolver, mediante uma rígida vontade repressiva»[56].

Aumento das penas «mínimas» em muitos crimes, restrição dos requisitos para aplicação de penas não detentivas, «tolerância zero» ou «teoria do vidro partido» são algumas das ideias que acompanham essas políticas e que, pela sua simplicidade e mesmo atratividade discursiva, se entranham de imediato no discurso público, daí que, em regra, se tratem de políticas com adesão pública imediata.

Não se confundindo com as respostas político-criminais às situações de terrorismo, são, no entanto e muitas vezes, excrescências «parasitárias» das políticas maximalistas e excecionais que o fenómeno do terrorismo tem vindo a comportar no âmbito das políticas penais. Trata-se de políticas que são desenvolvidas e postas em prática em áreas criminais como a criminalidade sexual, a criminalidade envolvendo cidadãos estrangeiros ou mesmo em matérias relacionadas com novas tendências criminalizadoras, como a punição de condutas relacionadas com o dano a animais, e que rapidamente se expandem a outras áreas criminais, por motivos populistas.

O caso da corrupção, ainda que muitas vezes «envolvida» num conceito mais amplo referido anteriormente e que envolve a criminalidade económica e financeira, é um domínio onde, numa fase mais recente, parecem fervilhar as correntes populistas.

Aliás, não será atrevimento dizer que, nos últimos tempos, é nesta área que a cavalgada populista parece evidenciar-se com mais acutilância, assumindo os seus defensores, por vezes, uma espécie de «cruzada».

A hiper-criminalização de condutas relacionadas com um conjunto de crimes que envolvem o conceito amplo de corrupção, a alteração de leis processuais penais no sentido de abrir exceções sobre exceções a princípios fundamentais do processo penal, a criação de novas tipologias criminais, como os crimes de violação de regras relativas ao urbanismo[57], o crime enriquecimento ilícito ou injustificado ou a proliferação de enti-

[56] Elbert, 2011, p. 62.

[57] Para uma análise a estes crimes bem como a *ratio* que esteve na sua origem, cf. Lopes, 2011 (b), p. 66.

dades mais ou menos independentes que se arrogam como soldados de um «exército contra a corrupção», são o exemplo de tal evolução.

Deve dizer-se que a permanente cobertura mediática a tais políticas é, naturalmente, o fermento essencial à sua amplificação, criando-se na opinião pública o ambiente perfeito para a germinação de medidas conjunturais, por vezes com pouca eficácia, ou na publicação de leis que, na prática, não irão ter qualquer consequência.

Torna-se necessário, por isso, assumir uma dimensão de racionalidade, não permitindo que, num domínio amplo de políticas exigidas e necessárias, o discurso da efetividade que as mesmas devem comportar seja contaminado por uma dimensão populista ou justicialista.

5. A ineficácia das políticas

Quando se pretende olhar, de forma objetiva para o problema da corrupção nas sociedades, constatamos que existe uma espécie de «colisão» entre a narrativa discursiva e a operacionalidade e efetividade das políticas públicas anti-corrupção que vêm sendo concretizadas.

Desde logo e num primeiro momento, quando falamos de tipos criminais, como elemento primário da política criminal de qualquer Estado, há que atentar nas limitações necessárias decorrentes do princípio da tipicidade, que nestes casos como noutros, não pode admitir cedências. O que consubstancia um tipo criminal como a corrupção, ou um crime conexo, tem que sustentar-se numa conceptualização rígida e rigorosa das condutas passíveis de consubstanciar qualquer tipo criminal (ou na expressão de Eduardo Correia[58], «as expressões da vida humana que em seu (do legislador) critério encarnam a negação dos valores jurídico-criminais, que violam, portanto, os bens ou interesses jurídico-criminais»).

Trata-se de limitações absolutamente necessárias que se encontram, igualmente, na compatibilização das condutas criminais com os princípios da legalidade e proporcionalidade.

Ora, no domínio da corrupção, o que se constata, como refere Carlo Paterniti, é uma «insuficiência do modelo descritivo das condutas sobre o que deve ser o preciso objeto de proteção»[59], tendo em conta a amplitude dos variadíssimos tipos de comportamentos ilícitos, não necessariamente

[58] Correia, 1971, p. 275.
[59] Paterniti, 2010, p. 251.

sustentados na violação de bens jurídicos, que se enquadram no conceito amplo de corrupção. Esta é apenas uma dimensão da falta de efetividade das normas penais nesta matéria.

Como se sabe e é hoje evidenciado por alguns autores, «temos atualmente estruturas de corrupção na sociedade, nos negócios e na política onde o quadro legal das leis criminais é incapaz de se acomodar»[60]. Neste sentido, não é difícil equacionar exemplos de operações jurídicas e negócios altamente complexos de natureza financeira, com repercussões diretas nas finanças públicas, onde se torna impossível descortinar exatamente essa dimensão de tipicidade, exigível ao direito penal. Alguns autores, como Costa Pinto, referem-se à «ausência de modernização da intervenção penal nos sectores económicos (...) quando a realidades geram desafios quanto aos factos, à sua análise e à sua imputação»[61].

Trata-se de matérias cuja estrutura sistémica está sustentada numa dimensão de "engenharia" altamente camuflada, assente em códigos internacionais e transnacionais de elevadíssima complexidade e, sobretudo, acompanhados por «especialistas» exclusivos, dotados de competências muito diferenciadas e desenvolvidas, que rapidamente transformam um determinado comportamento, aparentemente ilícito, numa situação de risco, financeiramente justificável à luz de determinados *standards* da própria «governação financeira».

O próprio questionamento da dimensão penal como resposta eficaz para responder a estes problemas em determinadas áreas é absolutamente pertinente. O relatório publicado pelo GRECO relativo à síntese temática que decorreu após o terceiro ciclo de avaliação levado a termo por aquela instituição do Conselho da Europa (CE) é impressivo nas suas conclusões, nomeadamente na parte relativa ao quadro legal das incriminações e às obrigações principais de incriminação. No referido relatório conclui-se que a maioria dos países avaliados (os 46 do CE e os Estados Unidos da América) evidenciaram respostas legislativas sólidas, não se tendo constatado que há correlação entre essa conformidade legislativa e a sua eficácia. O Estado considerado como mais eficaz na Europa, tendo em conta o número de casos de grande dimensão e visibilidade que foram analisados e objeto da avaliação, é aquele que apresentava

[60] Hetzer, 2010, p. 34.

[61] Costa Pinto, 2018, p. 45.

deficiências significativas no que respeita aos quadros legislativos exigidos[62]. Por outras palavras, não é por falta de legislação penal que os resultados concretos falham.

Um outro exemplo pode encontrar-se na contratação pública. Este domínio é hoje, sem dúvida, um dos campos mais férteis, por via da sua estrutura fortemente burocrática, para o cultivo de comportamentos ilegais ou ilícitos, como é bem visível no relatório anual da UE[63] sobre corrupção.

O estudo efetuado em 2013 sobre deteção e redução da corrupção nos contratos públicos da UE concluiu que, em 2010, «os custos diretos globais da corrupção nos contratos públicos em apenas cinco setores (a saber, estradas e caminhos de ferro, água e resíduos, construção urbana e equipamentos, formação, investigação e desenvolvimento) em oito estados membros (França, Itália, Hungria, Lituânia, Países Baixos, Polónia, Roménia e Espanha) variavam entre € 1,4 mil milhões e € 2,2 mil milhões» (Relatório UE, 2014).

Do mesmo relatório deve salientar-se, a constatação de que esta matéria comporta muitas falhas e o seu tratamento legislativo é muito débil. Aí se referem, por exemplo, várias situações concretas, nomeadamente que os funcionários responsáveis pelos contratos públicos consideram ter um papel muito limitado na deteção de práticas de corrupção, que a eficácia da cooperação entre autoridades responsáveis pelos contratos públicos e autoridades policiais e serviços anticorrupção é muito variável ou que a cooperação é formalista.

Mais recentemente, os números disponibilizados pelo Eurobarómetro relativos a 2017 continuam a indicar os contratos públicos como áreas onde as empresas evidenciam problemas graves de corrupção, nomeadamente como fator de impedimento em ganhar concursos públicos[64].

Neste domínio, não é nada claro que as medidas de natureza estritamente penal possam reduzir os níveis de patologias detetáveis e,

[62] Macauley, s/d, p. 80.

[63] Cf. RELATÓRIO DA COMISSÃO AO CONSELHO E AO PARLAMENTO EUROPEU RELATÓRIO ANTICORRUPÇÃO DA EU, citado.

[64] Cf. http://ec.europa.eu/commfrontoffice/publicopinion/index.cfm/Survey/getSurveyDetail/instruments/FLASH/surveyKy/2177.

concretamente, situações de corrupção[65]. Trata-se de uma área onde não é a melhor solução contrariar essa filigrana de procedimentos em que é ténue a fronteira entre o legal e o ilegal, entre o que é arbítrio e o que é discricionariedade, com sanções onde o princípio da tipicidade e legalidade é a regra de ouro.

De igual forma, as matérias relacionadas com o mercado de capitais, onde a volatilidade das operações e a urgência ou aceleração das condutas que as envolvem imperam, são pouco compatíveis com modelos sancionatórios formalizados, como são os modelos assentes no sistema penal.

Também na dimensão das relações entre a evasão fiscal e a corrupção, as fragilidades detetadas decorrem, não tanto dos quadros legais sancionatórios existentes, mas da falta de efetividade e eficácia das políticas concretas de atuação coordenada entre os serviços tributários e as instituições com competências preventivas e repressivas na área da corrução. «As regras não importam se ninguém se incomoda a aplicá-las», refere-se, assertivamente, num estudo recente sobre a dimensão da evasão fiscal e a corrupção[66]. Igualmente nesta dimensão, há que sublinhar a facilidade legal de deslocalização de sedes de empresas entre países com regimes fiscais muito diferenciados e vantajosos para as mesmas, sem controlos administrativos de natureza fiscal eficazes que permitam uma reposição justa da igualdade tributária.

Uma outra dimensão da fraquíssima efetividade das políticas desenvolvidas resulta da análise ao que têm sido as consequências da investigação na criminalidade que envolve a corrupção.

Se a repressão aparece como um elemento indispensável no âmbito das políticas anti-corrupção, e isso parece não estar em causa, a *performance* da investigação criminal e dos seus resultados deixam, no entanto, muitas perplexidades.

Há uma efetiva baixa densidade de investigações criminais bem-sucedidas, entendendo-se este «sucesso» como o trânsito em julgado de decisões condenatórias ou absolutórias sobre condutas que, num primeiro momento, se apresentavam, aparentemente, criminalmente sancionáveis[67].

[65] No mesmo sentido, cf. Williams, p. 146.

[66] Alm/Martinez-Vasquez, McClellan, 2016, p. 162.

[67] Salientando este facto numa comparação entre os índices em países como Canadá, Finlândia, Alemanha e Nova Zelândia, por comparação comos restantes países, ainda que sustentado num estudo de 2008 da UNODC, LAMBDSORFF, pg. 67.

A complexidade dos sistemas sociais, económicos, financeiros e políticos, a dimensão transnacional que a circulação monetária comporta, a desarticulação efetiva entre as legislações nacionais, tanto de natureza penal, como sancionatória ou processual e as debilidades dos próprios sistemas formais de controlo, nomeadamente no domínio do sistema judicial, são provavelmente causas que estão na origem dessa falta de efetividade.

Numa análise aos procedimentos criminais relacionados com muitas situações de conhecimento público, que à partida se pretenderiam como uma resposta efetiva à progressividade da perceção do aumento da corrupção, o que se constata é tão só uma nuvem de investigações criminais e inquéritos subjacentes que se eternizam no tempo, sem qualquer «ponto de finalização» formal, ou que demoram décadas para ver um termo formal, do ponto de vista processual penal. Esta situação, para além das consequências individuais gravíssimas sobre quem se vê envolvido em tais procedimentos, conforma uma violação ao direito fundamental à justiça efetivada em tempo razoável.

Num outro domínio, não menos relevante, temos uma constante abertura legislativa à criminalização de novas condutas sem que se faça uma qualquer autocrítica de tais mecanismos de criminalização, nomeadamente em termos de eficácia, medida pelos resultados da criminalização. Recorde-se que nem tudo o que é ilegal pode e deve ser sancionado criminalmente. O caso do crime de tráfico de influências é o exemplo paradigmático no que respeita às condutas integradas no já referido conceito amplo de corrupção. Num estudo de 2011[68], a propósito do tráfico de influências em França e dos resultados ocorridos entre 2007 e 2010, são evidenciadas exatamente algumas dessas fragilidades, ainda que circunscritas ao sistema francês. Em Portugal, numa outra dimensão criminal em que as conexões com fenómenos de corrupção são evidentes, as estatísticas nacionais mostram uma quase inexistência de crimes de violação de regras na área do urbanismo e no crime de tráfico de influências.

Concretamente na dimensão penal, são públicos alguns casos recentes, envolvendo vários crimes inseridos num círculo mais vasto das patologias da governação (grandes burlas, tráfico de influências, corrupção) ou situações conexas, ocorridas no início da década que, ou não foram

[68] Cf. Segonds, Riberolles, 2010.

ainda julgados, ou foram declarados prescritos antes do trânsito em julgado das decisões.

Razões para esta situação encontram-se para além das fragilidades na investigação, nalguma desadequação das normas penais, substantivas e adjectivas, na sucessiva alteração de leis penais[69] e nas suas consequências jurídicas, mas também nas deficiências da estrutura, organização e funcionamento do sistema judicial.

As disputas normativas e jurisprudenciais sobre os crimes fiscais, alguns aspetos do crime de corrupção ou de crimes conexos[70], bem como a alteração frequente dos próprios tipos de crime, muitas vezes ao ritmo das alterações integradas nas leis orçamentais anuais (nomeadamente no direito penal fiscal), potenciam a incerteza e insegurança da norma penal. Por outro lado, permitem a utilização do princípio da aplicação da lei penal no tempo de uma forma para a qual (porventura) não foram pensados, beneficiando sempre os infratores.

Começa a fazer sentido, aliás, a pergunta feita por alguma doutrina no sentido de saber se não estaremos, neste âmbito, em face de um «direito penal do amigo», ou seja, um direito substantivo e adjetivo tão ambíguo, tão complexo, tão passível de ser manipulado por quem tem capacidades económicas para isso que o torna, muito mais do que simbólico, absolutamente ineficaz[71].

Em áreas específicas da dimensão criminal da corrupção, como é o caso da corrupção no setor privado ou no comércio internacional, são muito reduzidos, para não dizer quase inexistentes, os resultados espelhados em investigações criminais e, muito menos, em sanções criminais aplicadas.

Finalmente, não pode omitir-se no âmbito desta dimensão a questão das debilidades de conhecimento e formação na investigação criminal que colidem, cada vez mais, com a utilização de sistemas de defesa muito agressivos resultantes do conhecimento aprofundado da complexidade do sistema por parte de quem comete os ilícitos.

[69] Sobre esta evolução, cf. Santos, 2018, p. 35.

[70] Cf. por exemplo os problemas suscitados no domínio do crime de recebimento indevido de vantagens, Mendes, 2020.

[71] Sublinhando este conceito, de uma forma muito impressiva na situação que ocorreu em Itália, com o anterior Primeiro-Ministro, Berlusconi, cf. Fofanni, 2009, p. 37.

Em áreas conexas, mas absolutamente essenciais para a compreensão da matéria da corrupção, nomeadamente o caso da regulamentação dos impedimentos e inibições dos titulares de cargos políticos, o regime de financiamento dos partidos, o financiamento das campanhas eleitorais ou a legislação sobre rendimentos declarados e património de titulares de cargos públicos, a ineficácia é igualmente muito significativa. A ausência de fiscalização e, nalguns casos, a inexistência de meios para concretizar a dimensão legal aprovada, demonstram neste domínio o fosso entre a *law in books* e a *law in action*, ainda que os quadros normativos nacionais, relativamente generalistas e abrangentes, evidenciem uma dimensão aparentemente efetiva.

6. A situação em Portugal

Em Portugal, nas últimas décadas, a situação concreta que envolve o problema das patologias envolvendo o dinheiro público, ainda que, como se referiu, sob o *nomem* de corrupção, impõe não apenas uma análise quantitativa à dimensão estatística dos processos judiciais, mas, como mencionado em relação à situação global, uma visão mais ampla que abranja fontes diversificadas e metodologias também elas diversas. Analisar uma determinada situação para que se consiga atingir uma «fotografia» tão nítida quanto possível deve, por isso, sustentar-se em várias perspetivas.

Parte-se assim de uma análise factual, nomeadamente resultante das estatísticas existentes, para uma análise cuidadosa e crítica de estudos efetuados, de relatórios produzidos por diversas entidades, bem como estudos sobre a perceção da corrupção, naturalmente com um olhar cruzado sobre todas as situações.

É sabido que a dimensão estatística, do ponto de vista criminal, apenas revela uma parte da realidade, nomeadamente a dimensão que subjaz à investigação criminal e às condenações por crimes relacionados com a corrupção.

Concretamente em relação a Portugal, os factos sobre os quais se podem fazer juízos são objetivos e as estatísticas disponíveis sobre a criminalidade referente à corrupção são débeis.

A Lei n.º 19/2008, de 21 de Abril, que à época aprovou medidas de combate à corrupção, estabeleceu a obrigatoriedade da elaboração e divulgação de um relatório sobre o crime de corrupção, imposição nunca cumprida. Os dados estatisticamente claros e dispersos sobre esta matéria encontram-se, essencialmente, disponíveis na Procuradoria Geral da República (PGR)[72], no Conselho de Prevenção da Corrupção (CPC) e nas Estatísticas da Justiça.

O tratamento sistemático efetuado pela PGR permite visualizar uma perspetiva genérica relativa à criminalidade participada nesta matéria, sob a qual o Ministério Público desenvolve a sua atividade de investigação criminal.

Assim, e no período compreendido entre 1/11/2017 e 31/10/2018, foram registados 3423 novos inquéritos relativos a crimes de corrupção e criminalidade conexa, na qual se incluem os crimes de abuso de poder, peculato, branqueamento, participação económica em negócio, tráfico de influência, recebimento indevido de vantagem, prevaricação (titular de cargo político) e administração danosa.

No período de referência, os inquéritos registados por crime de corrupção que atingiram o número de 1358 correspondem a cerca de 39,7% relativamente ao conjunto dos demais crimes considerados (3423). Relativamente ao ano de 2016/2017, e apenas em relação ao número de inquéritos instaurados por crime de corrupção, registou-se um aumento percentual de 57,7% (861, no período 2016/2017).

Daqueles 3423 inquéritos, findaram 2517 inquéritos ou seja cerca de 74%. Destes, o MP exerceu a ação penal, com indiciação, em 192 inquéritos, tendo deduzido acusação em 152 inquéritos e aplicado o instituto de suspensão provisória do processo em 40 casos. Foram arquivados 1334 inquéritos e findaram por outros motivos 1218 inquéritos. Ou seja, a ação penal com indiciação foi exercida em 5,6% dos inquéritos (192).

O relatório permite-nos uma leitura mais detalhada da atividade desenvolvida por tipo de crime em causa, verificando-se uma maior expressividade, tendo em conta a efetivação das acusações proferidas naquele período e em todos os crimes (152), nos crimes de peculato (75) e, só depois e com números muito inferiores, na corrupção (24), no abuso de poderes (21) e no branqueamento de capitais (19), sendo os números referentes aos restantes crimes estatisticamente irrelevantes.

[72] O último Relatório disponível respeita ao período de 1 de novembro de 2017 a 31 de outubro de 2018 (diponível in www.PRG.pt). Sublinhe-se que o Relatório já inclui o tratamento de várias tipologias de crimes conexos ao crime de corrupção.

Uma outra fonte estatística de conhecimento relevante decorre dos dados recolhidos pelo CPC por via das comunicações recebidas ao abrigo da Lei n.º 54/2008, de 4 de setembro. Sublinhe-se o facto da referida Lei impor, no seu artigo 9.º n.º 3 e n.º 4, o dever de comunicação ao CPC de todas as participações ou denúncias, decisões de arquivamento, de acusação, de pronúncia ou de não pronúncia, sentenças absolutórias ou condenatórias respeitantes a factos que envolvam corrupção ativa ou passiva, criminalidade económica e financeira, branqueamento de capitais, tráfico de influência, apropriação ilegítima de bens públicos, administração danosa, peculato, participação económica em negócio, abuso de poder ou violação de dever de segredo. Para além disso, deve igualmente ser remetida ao CPC cópia dos relatórios de auditoria ou inquérito do Tribunal de Contas e dos órgãos de controlo interno ou inspeção da Administração Pública central, regional ou local, ou os relativos às empresas do sector público empresarial que reportem factos referentes aos mesmos tipos criminais ou deficiências de organização dos serviços auditados suscetíveis de comportar risco da sua ocorrência.

O último relatório disponível[73], referente a 2019, identifica cerca de 796 comunicações recebidas no CPC.

Independentemente da tipologia dos recebimentos, decisões judiciais ou participações do MP e/ ou administrativas, é interessante relevar do relatório o âmbito das áreas em que se verificam os factos objeto das mesmas. Assim, as comunicações referem-se à ocorrência ou à suspeição da ocorrência de crimes em entidades ou organismos da Administração Local (328 comunicações), da Administração Central direta e indireta (246 comunicações), com poderes e funções públicas delegadas (189 comunicações), e das Administrações Regionais dos Açores (16 comunicações) e da Madeira (4 comunicações). Nestas entidades também é interessante relevar as áreas da Administração Pública onde poderão ter ocorrido infrações. Assim, o relatório identifica 134 comunicações relativas a decisões com elementos indiciadores ou probatórios da ocorrência de práticas de crime, em (i) processos de tomada da decisão administrativa, (ii) no exercício de funções públicas delegadas, (iii) na gestão de recursos humanos, (iv) na gestão da tesouraria e da contabilidade, (v) na

[73] Cf. http://www.cpc.tcontas.pt/documentos/analises/relatorio_comunicacoes_recebidas_2019.pdf.

gestão dos sistemas informáticos, (vi) na contratação pública e (vii) nas áreas da concessão de benefícios e apoios financeiros.

No que respeita à contratação pública, a tendência já referida em relação à UE parece replicar-se em Portugal. São evidentes valores envolvidos elevados, mercado de empresas restrito em determinadas áreas, com âmbito relativamente pouco concorrencial, sobretudo em áreas de grande impacto económico e financeiro (infraestruturas e grandes obras públicas, telecomunicações), muita circulação de quadros entre grandes empresas e órgãos e serviços públicos, entre outras características, situação que é favorável à existência de conluios, nomeadamente entre co-contratantes. Sobre esta última dimensão são aliás relevantes as preocupações constatadas pela Autoridade da Concorrência sobre o conluio entre empresas no domínio da contratação pública e o que este pode implicar para o funcionamento do mercado concorrencial. Por essa razão, esta Autoridade elaborou e disponibiliza um Guia de Boas Práticas para a eliminação do conluio nos procedimentos da contratação pública[74].

Recorde-se, como se refere no referido Guia, que «o conluio na contratação pública consiste na concertação de propostas com o objetivo de eliminar ou limitar a concorrência nos procedimentos de contratação. Este tipo de comportamento leva a condições menos favoráveis para o Estado do que as que resultariam de uma situação de concorrência efetiva, traduzindo-se em preços mais elevados, qualidade inferior ou menor inovação. O conluio compromete, assim, a eficiência na afetação dos recursos públicos e mina o objetivo de "mais e melhor por menos" da contratação pública, lesando os consumidores e os contribuintes».

Por sua vez, e salientando a relevância dos contratos públicos na economia e a problemática que podem comportar, o CPC emitiu a 7 de janeiro de 2015 uma primeira recomendação sobre a prevenção de riscos de corrupção na contratação pública, entretanto revogada e substituída por uma segunda recomendação, em 2 de Outubro de 2019.

Aí, resumidamente, alerta-se para a relevância da prevenção dos conflitos e interesses no processo de contratação, na valorização dos procedimentos concorrenciais, evitando ajustes diretos, e na transparência dos procedimentos, mas também no apelo a uma atuação efetiva

[74] AUTORIDADE DA CONCORRÊNCIA, S/D.

dos serviços inspetivos de fiscalização pelo cumprimento de regras e das recomendações.

A situação continua, no entanto, muito subvalorizada pelos destinatários, máxime as entidades públicas envolvidas na contratação onde são frequentemente evidenciadas fragilidades nos processos desenvolvidos com consequências financeiras e criminais.

São publicamente conhecidos casos criminais de algum relevo envolvendo a contratação pública em áreas tão diversas, como as autarquias ou as intituições militares. Sobre as fragilidades dos controlos, a título de exemplo, numa auditoria recente do Tribunal de Contas ao programa operacional MAR2020, foi expressamente invocada a fragilidade do controlo interno de uma entidade após identificação de insuficiência de medidas de acompanhamento nas áreas de «maior risco (contratação pública)»[75].

Uma outra fonte de conhecimento relevante para a compreensão distanciada do problema nacional decorre da análise efetuada por instâncias internacionais e, concretamente, nos relatórios internacionais sobre o caso português. Especificamente sobre a corrupção, no âmbito da UE, a Recomendação do Conselho relativa ao Programa Nacional de Reformas de Portugal para 2017, que formula um parecer do Conselho sobre o Programa de Estabilidade de Portugal 2017, refere expressamente que «Portugal está a fazer progressos no que respeita ao reforço da transparência e ao combate à corrupção na administração pública, mas não se vislumbra uma estratégia global. O combate à corrupção parece ser agora uma prioridade real para os serviços do Ministério Público e foram instituídos procedimentos mais eficientes de gestão de processos e recursos. No entanto, não está comprovado que se traduzam em melhorias nas taxas finais de condenação para casos de corrupção de grande visibilidade e na aplicação de penas que se revelem mais dissuasoras. No que respeita à prevenção da corrupção, os planos estabelecidos em cada instituição pública têm sido, de um modo geral, centrados na forma. Não se adaptam completamente a cada organização, nem são complementados por uma monitorização adequada»[76].

Uma análise externa de grande relevância decorre das avaliações efetuadas pelo GRECO, na medida em que transmitem uma imagem

[75] Cf. TRIBUNAL DE CONTAS (2019).

[76] Bruxelas, 22.5.2017 COM (2017) 521 final.

objetiva, aprofundada e distanciada da situação nacional. Se no III Ciclo de Avaliação, referente a incriminações e transparência do financiamento dos partidos políticos, a apreciação é positiva[77] (mais uma vez, no domínio da *Law in books*), noutras áreas que envolvem a aplicação da lei as fragilidades detetadas são muito maiores, do qual são exemplo os débeis números que resultam das estatísticas da justiça envolvendo os crimes de corrupção nos anos mais recentes (2016-2018)[78].

A dimensão de conhecimento público empírico sobre os «resultados» de casos de corrupção, objeto de investigação criminal de conhecimento público e as suas vicissitudes é uma fonte de análise que não pode ser omitida. Vários grandes casos que ao longo das últimas duas décadas foram acompanhados pela comunicação social continuam sem decisão conhecida ou sem trânsito em julgado das decisões judiciais[79].

Não há assim motivo para alterar o que escrevemos em 2013, sublinhando então que «os indicadores estatísticos mostram um baixo número de inquéritos abertos, mas, mais do que isso, mostram o enfraquecimento desta criminalidade na tramitação processual: muitos desses processos não prosseguem para julgamento e os que prosseguem vêem, com frequência, diminuir o número e a gravidade dos crimes que o julgamento, em regra, ainda atenua. No seu lastro estão, sobretudo, as dificuldades com que o sistema se debate na investigação deste tipo de criminalidade, impedindo a produção de provas robustas. Esta situação deslegitima a justiça e lança sobre esta uma suspeição: a sua incapacidade ou falta de vontade em acusar e condenar os agentes desta criminalidade, em regra, pessoas socialmente poderosas»[80].

Uma área cada vez mais relevante no tratamento específico das matérias envolvendo a corrupção prende-se com o estabelecimento de condições normativas e práticas para que os órgãos de controlo jurisdicional,

[77] Confronte-se o relatório final sobre o Terceiro Ciclo de Avaliação do GRECO, publicado em 13.04.2017, que é objetivo em referir que Portugal cumpriu as imposições legislativas nesta área. Cf- https://rm.coe.int/CoERMPublicCommonSearch Services/DisplayDCTM Content?documentId=090000168070939f.

[78] CF. relatório citado nota 61.

[79] CF. Dâmaso, 2019, que num registo objetivo, ainda que jornalístico, analisa um conjunto de situações ocorridas em Portugal nas duas décadas passadas sobre os resultados muito débeis de «grandes» investigações criminais.

[80] Gomes, Lopes, 2013, p. 252.

máxime dos juízes, dos magistrados do Ministério Público e dos órgãos de controlo político, nomeadamente os parlamentares, exerçam, de forma consistente e efetiva, as suas funções. Recorde-se que se tratam de dois subsistemas nevrálgicos por via das suas funções de soberania e, sobretudo, pela legitimação pública que comporta o exercício de tais funções.

Neste âmbito, e dada essa relevante função pública, o GRECO incidiu tais matérias no IV Ciclo de Avaliação, concretamente avaliando os mecanismos de corrupção para prevenção da corrupção dos parlamentares, juízes e procuradores. Em dezembro de 2017 foram efetuadas pelo GRECO variadíssimas recomendações sobre estas matérias envolvendo, entre outras, questões relacionadas com conflitos de interesses, interdição de atividades, declaração de interesses e impedimentos. Em junho de 2019, após uma reavaliação dessas recomendações, é sintomática a análise da instituição: o GRECO conclui que Portugal procedeu a melhoramentos «menores» no sentido de seguir as recomendações que tinham sido dadas como parcialmente cumpridas no relatório de conformidade efetuado sobre o 4.º ciclo (em Dezembro de 2017), sendo que apenas uma das quinze recomendações foi concretizada de modo satisfatório[81].

É certo que, entretanto, foram publicadas leis[82] que vieram tornar obrigatórias algumas das recomendações então efetuadas, como sejam as declarações de interesses para juízes e procuradores ou a existência de Códigos de Ética. É, igualmente, inevitável a alusão neste âmbito aos casos publicamente conhecidos de situações graves envolvendo corrupção de magistrados e juízes, tendo em conta a repercussão que tais factos comportam na confiança pública das instituições. E aqui é inevitável um primeiro olhar crítico sobre a ausência de efectividade dos sistemas de controlo dos órgãos e gestão das magistraturas durante demasiado tempo.

Numa outra vertente, os estudos efetuados sobre perceções de corrupção de matriz internacional são incontornáveis na análise da situação nacional de um País no quadro global onde se integra. Por isso, é

[81] Cf. https://rm.coe.int/quatrieme-cycle-d-evaluation-prevention-de-la-corruption-des--parlement/1680954335.

[82] Lei n.º 52/2019, de 31 de Julho, que aprovou o novo regime do exercício de funções por titulares de cargos políticos e altos cargos públicos; Lei n.º 67/2019 de 27 de Agosto, que aprovou alterações ao Estatuto dos Magistrados Judiciais; Lei n.º 68/2019, de 27 de Agosto que aprovou o Estatuto do Ministério Público.

importante atentar na evolução da posição de Portugal nos últimos anos nos *rankings em* que se inclui, nomeadamente no índice da Transparência internacional[83]. Se em 2010 Portugal se encontrava no 32.º lugar, em 2015 tinha subido para o 28.º, sendo que em 2019 está na 30ª posição. Constata-se, assim, uma certa estagnação do posicionamento do País em função dos vários critérios estabelecidos e que conformam o índice.

Uma outra dimensão de dados objetivos sobre as várias situações de patologias que envolvem o referido conceito amplo de corrupção, e que evidencia outras anomalias relacionadas com a gestão do dinheiro publico, decorre das evidentes fragilidades do sistema de controlo e, sobretudo, da ineficácia de políticas de recuperação de dinheiros públicos indevidamente utilizados, ainda que isso não configure uma dimensão criminal.

Em toda esta matéria, o papel das instituições de controlo legal e financeiro é essencial para o desenvolvimento coerente de um sistema amplo e complexo.

Na organização do sistema nacional de controlo financeiro, interno e externo, existe um leque de entidades que configuram uma rede complexa e nem sempre coerente.

No âmbito macro, envolvendo o controlo externo, assume especial relevância o Tribunal de Contas, cuja dimensão constitucional como órgão de controlo externo é inequívoco.

No âmbito do controlo interno da Administração Pública o sistema normativo (*law in books*) está em regra estruturado no Decreto-lei n.º 166/98, de 25 de junho, que criou o sistema de controlo interno da administração financeira do Estado, compreendendo os domínios orçamental, financeiro e patrimonial, e que visa assegurar o exercício coerente e articulado do controlo no âmbito da Administração Pública.

Integram o sistema de controlo interno da administração financeira do Estado (SCI) as inspeções gerais, a Direção-Geral do Orçamento, o Instituto de Gestão Financeira da Segurança Social e os órgãos e serviços de inspeção, auditoria ou fiscalização que tenham como função o exercício do controlo interno. Importa referir que as inspeções gerais (ou entidades com funções equivalentes, neste domínio) são, atualmente, a IGF-Autoridade de Auditoria, a Inspeção-Geral da Administração Interna, a Inspeção-Geral Diplomática e Consular, a Inspeção-Geral da Defesa

[83] Os dados estão disponíveis no site https://www.transparency.org/.

Nacional, a Inspeção-Geral dos Serviços de Justiça, a Inspeção-Geral da Agricultura, do Mar, do Ambiente e do Ordenamento do Território, o Instituto de Gestão Financeira da Segurança Social, a Inspeção-Geral do Ministério do Trabalho, Solidariedade e Segurança Social, a Inspeção--Geral de Atividades em Saúde, a Inspeção-Geral de Educação e Ciência, a Inspeção-Geral de Atividades Culturais, a Inspeção Regional das Finanças (Região Autónoma da Madeira) e a Inspeção Regional da Administração Pública (Região Autónoma dos Açores). Exercem ainda funções inspetivas, nesta área, a Secretaria Geral da Presidência de Conselho de Ministros e Secretaria Geral da Economia.

Sublinha-se, negativamente, a extinção da Inspeção Geral da Administração Local, em 2011, como órgão com competências específicas inspectivas para a área das autarquias locais, entretanto assumidas pela Inspeção Geral de Finanças.

Mais relevante do ponto de vista analítico é, no Relatório de Atividades do Conselho referente a 2019, a afirmação relativa à situação frágil do sistema, nomeadamente no que se refere a uma política eficaz de inspeção e auditoria nas matérias relacionadas com a fraude e a corrupção. Aí se refere, expressamente, que «os meios afetos continuam a ser manifestamente escassos e tem-se verificado uma diminuição de competências técnicas em domínios estratégicos, como o controlo financeiro e a contratação pública, face à referida desvalorização das funções pelos sucessivos Governos e à subsequente captura de trabalhadores por entidades que oferecem maiores valorizações remuneratórias e um adequado reconhecimento, como as entidades reguladoras e as que atuam no setor da justiça». Concretamente em relação às várias inspeções-gerais, o relatório refere expressamente que « (...) a atual situação das inspeções-gerais, em suma, o sistema de controlo interno, carece de reforma urgente e profunda, acompanhada da criação de instrumentos que permitam atrair competências e conhecimento atualizados e no domínio das tecnologias de informação, essenciais para os atuais trabalhos de auditoria, em especial no domínio das funções de controlo financeiro e autoridade de auditoria, por forma a assegurar adequadamente as responsabilidades no plano nacional e europeu. (...) Atenta a realidade operacional, 53% das inspeções-gerais e serviços de inspeção dispõem de menos de dez inspetores/técnicos superiores afetos ao controlo da atividade financeira do Estado. No âmbito do Ministério da Economia, um dos principais domínios de ação do Estado e importante programa orçamental, o respetivo serviço de inspeção dispõe de quatro técnicos superiores e três inspetores»[84].

A lei estabelece os princípios que devem orientar os órgãos de controlo interno (OCI) referidos, máxime quando planeiam, realizam e avaliam as suas ações, nomeadamente devendo ser articuladas, suficientes, complementares e relevantes.

Dos relatórios publicados pelo Conselho Coordenador do sistema de controlo interno, que assegura a observância daqueles princípios, para além do detalhe das importantes e relevantes ações levadas a cabo pelas várias inspeções e órgãos que o integram, não há qualquer referência a uma política institucional organizada entre as instituições que o compõem. Não decorre igualmente qualquer referência a atuações concertadas com o órgão constitucional de controlo externo, que é o Tribunal de Contas.

Da análise tópica e meramente exemplificativa de alguns relatórios de auditoria analisados, quer de órgãos de controlo interno, quer do Tribunal de Contas, é possível constatar uma relevantíssima «fotografia» de situações patológicas no domínio da gestão do dinheiro público.

No caso do Tribunal de Contas, algumas auditorias levadas a termo pela instituição evidenciam essas fragilidades. Veja-se, por exemplo, o caso da auditoria aos Sistemas de Incentivos do Portugal 2020, em que se identificaram fragilidades substanciais nos sistemas de controlo, que implicaram montantes elevados por recuperar, riscos de prescrição de dívidas e a possibilidade de entidades que tivessem dívidas por regularizar fossem novamente elegíveis para novos fundos, o que obviamente consubstanciariam eventuais ilegalidades e risco de novos incumprimentos[85].

Um outro exemplo, ainda em matéria relacionada com fundos europeus, envolve o caso do desempenho do IAPMEI e da AICEP enquanto organismos intermédios na gestão e controlo dos incentivos ao investimento das empresas no âmbito do QREN (período de programação 2007-2013). Resulta evidente, da auditoria, a fragilidade do que foram os controlos exercidos e as consequências financeiras daí decorrentes, essencialmente no âmbito das devoluções de incentivos. Segundo uma das conclusões da auditoria, «o valor associado às ordens de devolução

[84] Relatório disponível em https://www.dgo.gov.pt/politicaorcamental/Conta GeraldoEstado/2019/CGE%202019%20vol1tomo02.pdf.

[85] Cf. TRIBUNAL DE CONTAS, 2018 (b).

emitidas era de € 169,6 M, verificando-se que, em 23 de março de 2017, apenas tinham sido recuperados € 62,5 M, dos quais € 13,2 M através do mecanismo de compensação em outras operações e € 49,3 M por reposição, a grande maioria através do acionamento de garantias bancárias prestadas e uma pequena parte através de ações judiciais. O IAPMEI não conseguiu, de forma automática, identificar o montante associado a cada uma destas vias de recuperação»[86].

As patologias ligadas ao sistema fiscal são uma outra dimensão que não pode omitir-se quando se pretende ter uma visão ampla do problema. Alguns relatórios publicados envolvendo os riscos e patologias fiscais continuam a evidenciar a dimensão substancial dos valores em causa. É, neste sentido, muito impressivo o relatório da Inspeção Geral de Finanças (IGF) relativo à auditoria sobre o domínio de operações de planeamento fiscal abusivo, no período de 2014-2016. Neste âmbito, está em causa um conjunto de práticas muito abrangentes que envolvem situações relacionadas com o excesso de gastos de financiamento, operações efetuadas em território nacional por entidades coletivas não residentes sem estabelecimento estável (cujas margens de lucro são omitidas à tributação em Portugal), ou mesmo doações de bens imóveis e ou de valores mobiliários com vista à exclusão da tributação de mais-valias. Outra prática é o aproveitamento indevido do regime fiscal da titularização de créditos através do reconhecimento como proveito fiscal de meras expetativas de proveitos futuros, absorvendo prejuízos ou benefícios fiscais no limite dos respetivos prazos e eliminando a sua tributação nos exercícios em que esta seria devida. Segundo o relatório, as situações de risco identificadas nesta auditoria «representam um potencial incumprimento num montante estimado de cerca de 764,9 M€»[87].

Numa outra dimensão, ainda que conexa com as políticas anticorrupção como foi referido em relação à situação global pós crise 2008-2012, um dos problemas mais sensíveis constatado em todos os relatórios efetuados apontava para o grau de fragilidade e eficiência no tratamento da matéria relacionada com os conflitos de interesses, máxime entre entidades privadas e públicas.

[86] Cf. TRIBUNAL DE CONTAS, 2018 (a).

[87] Disponível in https://www.igf.gov.pt/publicacoes12/resultados- de-auditorias/sinteses--de-resultados-administracao-central.aspx.

Verifica-se um conjunto de deficiências normativas que garantam transparência e integridade nos processos de decisão efetuados por quem exerce várias funções, em simultâneo ou não, mas, sobretudo, deficiências de controlo e efetividade na sua implementação, nomeadamente pelos órgãos a quem incumbia esse controlo.

Como se sabe, existem regimes normativos de exclusividade e estabelecimento de impedimentos para o exercício de funções públicas. Atualmente, o conjunto de normas que constam no Regime Jurídico de Incompatibilidades e Impedimentos dos Titulares de Cargos Políticos e Altos Cargos Públicos (Lei n.º 52/2019, de 31 de julho) tem um vasto leque de sujeitos passivos (ver artigos 2.º, 3.º, 4.º e 5.º), sendo também aplicável a outros casos [como aos titulares de cargos de direção superior do pessoal dirigente dos Serviços e Organismos da Administração Central (Lei n.º. 2/2004, de 15 de janeiro, republicada pela Lei n.º 64/2011, de 22 de dezembro) e aos gestores públicos (artigo 24.º do Decreto-Lei n.º 71/2007, de 27 de março, republicado pelo Decreto-Lei n.º 8/2012, de 18 de janeiro)].

Uma breve análise ao regime legal referente ao controlo dos possíveis conflitos de interesses após o exercício de funções, o que se denomina por *revolving door*, sobressai a proibição de exercício de «funções em empresas privadas que prossigam atividades no sector por eles diretamente tutelado e que, no período daquele mandato, tenham sido objeto de operações de privatização, tenham beneficiado de incentivos financeiros ou de sistemas de incentivos e benefícios fiscais de natureza contratual ou, relativamente às quais se tenha verificado uma intervenção direta do titular de cargo político», durante três anos após o fim do exercício do cargos (artigo 10.º n. .º 1 da Lei n.º 52/2019, de 31 de julho).

Para além disso, os representantes ou consultores mandatados pelos governos da República e regionais em processos de concessão ou alienação de ativos públicos «não podem exercer funções nas entidades adquirentes ou concessionárias nos três anos posteriores á data da alienação ou concessão de ativos em que tenham tido intervenção» (artigo 10.º n.º 3).

Saliente-se que foi eliminado o impedimento vigente até à entrada em vigor da Lei que existia para «servir de árbitro ou de perito, em qualquer processo em que seja parte o Estado e demais pessoas coletivas públicas» no ano seguinte ao exercício de funções, regime que já não se aplicava, nem aos gestores públicos, nem a membros dos gabinetes dos titulares de cargos públicos.

Para além do âmbito subjetivo restrito, também no que respeita ao conteúdo da limitação propriamente dita, ao não incluir, por exemplo, qualquer limitação a título de consultadoria ou assessoria àquelas empresas, pode dizer-se que tal regime conforma um luto «pouco carregado»!

Quanto ao regime sancionatório, o que está em causa, não cumprindo aquelas proibições, é apenas a inibição para o exercício de funções de altos cargos políticos e de altos cargos públicos por um período de três anos.

É, no entanto, na dimensão da efetividade dos controlos que, em muitos casos, se apresenta como demasiado frágil face ao regime normativo fixado[88].

Sobre esta matéria, é importante referir a situação específica que envolve as áreas dos concursos públicos que envolvem os medicamentos ou dispositivos médicos no âmbito dos estabelecimentos do Serviço Nacional de Saúde, por via dos valores monetários que comportam. O Decreto-lei n.º 14/2014, de 22 de janeiro, atenta a especial natureza e os interesses envolvidos nesta área e de modo a criar uma cultura de organizacional na qual impere forte intolerância relativamente às situações de conflitos de interesses, de forma a garantir a isenção, imparcialidade e independência de todos os atores nos cuidados de saúde e na saúde pública, estabeleceu um conjunto de incompatibilidades próprias, um regime de registo de declaração de interesses vasto, um regime de ineficácia e nulidade de atos jurídicos que resultassem de situações de incompatibilidade e um regime sancionatório aparentemente dissuasor de tais práticas.

A declaração de interesses que deve ser efetuada, ou declaração de inexistência de incompatibilidades, foi aprovada pelo Despacho n.º 2156-B/2014, do Ministério da Saúde, de 10 de fevereiro. O modelo publicado veio, no entanto, introduzir algumas restrições, reduzindo o âmbito da sua aplicação, nomeadamente excecionando a aplicação do referido regime de incompatibilidades à participação dos visados pelo decreto-lei «em ensaios clínicos ou estudos científicos no âmbito da respetiva atividade» ou os financiamentos dirigidos à sociedade, associação ou empresa de

[88] Câmara, 2010, p. 73, evidencia exatamente essas fragilidades no caso português, no domínio do direito societário e financeiro.

que sejam membros «para investigação, ensaios clínicos, estudos clínicos, nomeadamente epidemiológicos».

É exatamente aqui que reside a questão, porquanto os valores financeiros em causa neste domínio são substancialmente elevados e introduzem, por isso, um fator não desprezível na avaliação sobre a imparcialidade e independência de quem os elabora e, simultaneamente, participa no processo concursal que envolve esses medicamentos ou dispositivos médicos (segundo João Lobo Antunes, em 2000, nos EUA a contribuição da indústria farmacêutica para o financiamento dos ensaios clínicos representa 70%)[89]. Os processos de aquisição pública de medicamentos, nomeadamente para o Serviço Nacional de Saúde, assumem valores consideráveis com enorme impacto nas finanças públicas. Se é certo que a imparcialidade e independência científica de quem realiza investigação clínica não está em causa (regulamentada na Lei da Investigação Clínica, Lei n.º 21/2014, de 16 de abril), deve garantir-se que os processos concursais que envolvem a aquisição de medicamentos ou dispositivos médicos sejam transparentes, permitam o funcionamento da concorrência e, por isso, assegurem um resultado financeiro que salvaguarde o interesse público.

Numa outra dimensão, importa sublinhar, ainda, uma "fatia" substancial de valores públicos que continuam a escapar ao controlo público, nomeadamente em toda a matéria relacionada com os litígios entre a administração pública e entidades privadas que utilizam os mecanismos de arbitragem. Estão em causa contratos públicos de grande dimensão financeira que, quando negociados, impõem, desde logo, que todas as questões jurídicas (nomeadamente com implicações financeiras) sejam remetidas para os tribunais arbitrais, quase sempre com cláusulas pré-acordadas de exclusão de qualquer dimensão de impugnação para a jurisdição comum. Aí, em regra, são resolvidos litígios com dimensão financeira substancial onde o Estado acaba por sair quase sempre perdedor, sem que exista um qualquer mecanismo de controlo público sobre o âmbito financeiro que as decisões comportam.

Sobre esta matéria será de realçar, criticamente, a inexplicável eliminação do impedimento para intervir como árbitro ou perito no ano seguinte ao exercício de funções por parte dos titulares de cargos políticos que

[89] Cf. Antunes, 2014, p. 95.

decorreu da revogação da Lei n.º 64/93, de 26 de agosto, nomeadamente do seu artigo 9.º n.º 2, pela Lei n.º 52/2019, de 31 de julho.

Também nas matérias envolvendo o sistema financeiro, a publicitação de situações criminais graves envolvendo algumas instituições bancárias existentes veio evidenciar um sistema em regra opaco e muito pouco escrutinado. Obedecendo a regras muito especificas (e já inseridas, fortemente, numa dimensão europeia, também ela com algumas especificidades) o sistema financeiro português, nos casos Banco Português de Negócios (BPN), Banco Privado Português (BPP) e, sobretudo, Banco Espírito Santo (BES), evidenciou a falha de supervisão efetiva em matérias do âmbito financeiro *stricto sensu*, e na deteção de patologias graves envolvendo matéria contraordenacional e criminal.

Não obstante o «sinal vermelho» que constituiu a crise de 2008, a situação financeira dos bancos em Portugal, entre 2010 e 2018, evidencia que se «registaram acima de 46,5 mil milhões de euros de imparidades, das quais 34,9 mil milhões para crédito (incluindo crédito para a aquisição de participações sociais, para projetos de construção e obras públicas, imobiliários e turismo, para acionistas e em menor escala para habitação) e 11,7 mil milhões para outros ativos (incluindo participações sociais detidas e operações financeiras)»[90].

Não há dúvida que as fragilidades dos modelos de análise de risco existente no sector permitiram não apenas que ocorressem problemas financeiros graves, com repercussão nas contas das instituições e, por "efeito dominó", nas contas públicas, como também deram azo ao desenvolvimento de situações patológicas com relevância criminal e contraordenacional, com graves repercussões patrimoniais, situação que não estará de todo sanada. As avaliações de comportamentos dos bancos efetuadas pelo Banco de Portugal durante o Programa de Assistência Económica e Financeira «mostra(m) que o reconhecimento de perdas contribuiu para diminuir, de forma significativa, a probabilidade de os bancos continuarem a refinanciar empresas de risco elevado»[91]. Mais uma vez algo continua a não funcionar bem no que respeita a patologias que envolvem o sistema financeiro e que não são evitadas atempadamente.

[90] Costa, p. 294.

[91] Costa, p. 300, nota 10.

Uma nota, ainda, para a matéria envolvendo o financiamento dos partidos políticos e as campanhas eleitorais e, sobretudo, o seu controlo, tendo em conta a constatação dos problemas identificados que envolvem a relevância desta matéria e a sua inserção no círculo patológico da governação.

O regime normativo vigente estatuído desde 2005 sofreu, em 2018, uma alteração significativa com a assunção inequívoca, pelo legislador, do papel autónomo da Entidade das Contas e Financiamentos Políticos (ECFP) como «um órgão independente que funciona junto do Tribunal Constitucional e tem como atribuição a apreciação e fiscalização das contas dos partidos políticos e das campanhas eleitorais para Presidente da República, para a Assembleia da República, para o Parlamento Europeu, para as Assembleias Legislativas das Regiões Autónomas e para as autarquias locais» (artigo 2.º da Lei Orgânica n.º 2 /2005, de 10 de janeiro, na redação da Lei Orgânica n.º 1/2018, de 19 de abril).

Recorde-se que até aí a ECFP, ainda que instituída como órgão independente que funcionava junto do Tribunal Constitucional, tinha, formalmente, como atribuição coadjuvar tecnicamente o Tribunal na apreciação e fiscalização das contas dos partidos políticos e das campanhas eleitorais. Isto significa que a ECFP, após a referida alteração, passou de órgão de suporte técnico a entidade autónoma com competências administrativas sancionatórias, de natureza contraordenacional.

No novo regime, conforme é sublinhado no Acórdão do Tribunal Constitucional n.º 375/2018, «cuja matriz se reconduz ao enquadramento do regime contraordenacional consagrado no RGCO, incumbe à Entidade das Contas e Financiamentos Políticos a competência para proferir as decisões antes previstas nos artigos 29.º, 32.º, 33.º e 34.º da LFP, todas integradas na *fase administrativa*. A intervenção do Tribunal Constitucional apenas pode ocorrer a *jusante*, uma vez encerrada a fase administrativa – salvaguardados os casos de impugnação de medidas que afetem direitos e interesses legalmente protegidos, previstos na parte final do artigo 23.º, n.º 2, da LEC –, e em sede de impugnação judicial da decisão final condenatória daquela entidade (artigos 103.º-A da LTC, 23.º, n.º 1, da LFP e 23.º, n.º 1, da LEC, todos na redação conferida pela Lei Orgânica n.º 1/2018). Significa isto que o sistema normativo que passou a regular o presente processo, na dimensão sancionatória ainda *pendente* de decisão final, comporta, como ato necessário e prévio à intervenção jurisdicional deste Tribunal, a prolação de decisão administrativa que avalie interlocutoriamente as contas prestadas e, caso apurada a presença de irregularidades, ouvidos os arguidos, se pronuncie sobre a respetiva responsabilidade contraordenacional (artigos 32.º, n.º 1, alínea *c)* e 33.º, n.ºs 1 e 3, da LEC, na redação vigente)».

O próprio Tribunal Constitucional remeteu em dois acórdãos processos à ECFP para que esta exercesse o seu poder administrativo sancionatório (cf. Ac. n.º 374/2018 e Ac. n.º 375/2018).

Da análise dos dados da atividade de auditoria, apresentados e publicados no sítio da ECFP, são evidenciadas ilegalidades nas contas apresentadas por praticamente todos os partidos[92], envolvendo plúrimas infrações, onde se salienta a «insuficiente documentação de despesas e eventual existência de donativos indiretos e/ou financiamentos proibidos – rendas». Trata-se de decisões, no entanto, sujeitas a um ulterior processo de sancionamento contraordenacional, cuja decisão final, por via de recurso, cabe ao Tribunal Constitucional. Um recentíssimo acórdão deste Tribunal (Ac. n.º 421/2020) veio pôr fim a uma situação constatada de irregularidades no âmbito das contas de um determinado partido, onde são identificadas e esgrimidas algumas das complexas questões procedimentais que envolvem todo o processo sancionatório. Entre estas questões, evidenciam-se as situações que levam muitas vezes à extinção dos procedimentos sancionatórios, por efeito da prescrição. No passado prescreveram outras situações envolvendo irregularidades detetadas (a título de exemplo, o Ac. do TC n.º 373/2018).

Ainda que o quadro legal seja hoje mais claro, nomeadamente o das instituições com competência para fiscalizar e sancionar comportamentos ilícitos no âmbito partidário e de campanhas eleitorais, com uma divisão de funções entre a ECFP e o TC, são evidentes as fragilidades na concretização das finalidades propostas pela lei, nomeadamente a deteção e impedimento de comportamentos ilícitos que envolvam donativos, quotizações ou outras ilegalidades que põem em causa a transparência do processo democrático. Por outro lado, o labirinto processual vigente permite situações de dilações processuais como as descritas e uma consequente fragilização do sistema de controlo. Sublinha-se, a propósito, uma das conclusões da síntese temática do terceiro ciclo de avaliação do

[92] Cf., a título de exemplo, o ano 2015: https://www.tribunalconstitucional.pt/tc/contas_eleicoes-partidos-2015.html#1115.

GRECO relativa ao financiamento dos partidos políticos, onde expressamente se alerta para a situação de que «uma panóplia completa de sanções definidas nos textos afigura-se inútil se o órgão de controlo não tem a capacidade de as pronunciar»[93], nomeadamente em tempo útil e num prazo razoável que permita a sua efetivação.

Uma nota, com alguma relevância, para a dimensão das políticas de prevenção cuja alavancagem foi obviamente concretizada após a criação do CPC. Sendo certo que este órgão veio colmatar uma enorme brecha nas políticas de integradas de prevenção da corrupção, cumprindo recomendações internacionais, a sua atividade com maior impacto público ao longo dos anos sustentou-se, quer na elaboração e divulgação de várias recomendações sobre matérias essenciais relacionadas com a corrupção, nomeadamente a disseminação dos planos de prevenção de corrupção, quer na concretização de visitas a várias áreas da administração, divulgando tanto o papel do CPC como as iniciativas das referidas instituições e órgãos, tendo em conta a relevância das matérias da sua competência.

O seguimento das recomendações, em concreto, nas várias matérias em que foram emitidas constitui, no entanto, uma omissão generalizada que fragiliza em muito a sua efetividade.

Em conclusão, parece clara a constatação de uma dimensão forte de ineficácia de atuações das várias instituições, permitindo concluir que, em Portugal, há um enorme fosso entre *law in book* e *law in action*, fragilizando-se a relação entre o que os cidadãos esperam das instituições e a sua real importância num Estado democrático.

[93] GRECO, s/d, p. 60.

Capítulo II
Sair do Labirinto

1. Uma política pública integrada e coordenada

O que vem sendo dito evidencia, antes de mais, um deficiente funcionamento dos sistemas de controlo perante uma realidade que lhes parece escapar, por via de uma inadequação sistémica entre um problema (a corrupção, no sentido amplo) e o modo de a controlar em termos eficazes.

Ainda que várias instituições, isoladamente, tenham empreendido algumas políticas que pretendem concretizar soluções particulares, na área das suas específicas e concretas competências ou responsabilidades, não se evidencia um modelo de regulação sistémico adequado perante uma realidade complexa, global e multifacetada, passível de envolver várias entidades e instituições.

Torna-se, por isso, imperioso, num primeiro momento e a partir de um diagnóstico pormenorizado, assumir a concretização de uma política integrada que enquadre o amplo catálogo de patologias envolvendo o uso do dinheiro público num amplo sistema de integridade pública. Trata-se, naturalmente, de políticas públicas de natureza preventiva e repressiva, estrutural e constitucionalmente atribuídas a vários e diferentes órgãos de soberania e instituições.

Não parece ser outro o sentido dado à relevância das políticas contra a corrupção, independentemente da sua tipologia conceptual, que instituições internacionais como as Nações Unidas ou a OCDE vêm assumido.

No primeiro caso, é de salientar o documento estrutural das Nações Unidas, «Transformar o Mundo: Agenda 2030 de Desenvolvimento Sustentável», em que, no objetivo 16, se assumiu a corrupção como um obstáculo ao desenvolvimento e, nessa medida, as políticas que a contrariem constituem um dos objetivos integrantes da referida Agenda 2030 para o Desenvolvimento Sustentável[94].

As políticas públicas nesta área devem assumir-se como verdadeiras políticas de virtude e integridade das instituições de um País, travando o desregramento social sobre o que é o desempenho e a concretização do interesse público, nomeadamente sobre quem exerce nas mais variadas áreas a gestão de dinheiro e património público, ainda que de forma indireta.

De um ponto de vista mais estruturado, salientam-se as várias recomendações da OCDE e, de uma forma mais concreta, o mais recente *Public Integrity Handbook*[95], onde a dimensão sistémica que deve prevalecer nas políticas de integridade e reativas à corrupção está amplamente desenvolvida, disponibilizando simultaneamente instrumentos muito assertivos relativos à alteração de situações em função de experiências positivas de vários Estados[96].

Como fatores de risco para o desenvolvimento eficaz de um sistema de controlo referiu-se, quer as fragilidades ou limitações do sistema penal, quer o labirinto de interesses e a morfologia procedimental altamente complexa de áreas como a contratação pública ou os contratos financeiros. Trata-se, neste último caso, de áreas onde se exigem mecanismos de controlo assertivos acompanhando o desenvolvimento do procedimento, na medida em que os valores públicos em causa exigem transparência e monitorização permanente por instâncias de controlo adequadas.

Entre perguntas que devem fazer-se assume alguma relevância prática a questão da adequação da legislação penal, nomeadamente se esta dimensão normativa serve, neste domínio, efetivamente, as finalidades

[94] A 1 de janeiro de 2016 entrou em vigor a resolução da Organização das Nações Unidas (ONU) intitulada "Transformar o nosso mundo: Agenda 2030 de Desenvolvimento Sustentável", constituída por 17 objetivos, desdobrados em 169 metas, aprovada a 25 de setembro de 2015, em Nova Iorque.

[95] OCDE, 2020.

[96] Cf. OCDE, 2020.

para as quais é criada. Concretamente, deve questionar-se se fará algum sentido, em muitas destas áreas, continuar a desenvolver um «direito penal» sustentado em leis que, ainda que não configurem um carácter meramente simbólico, não têm qualquer eficácia e, pelo contrário, permitem enovelar ainda mais o sistema de justiça penal.

As dúvidas passam também pelo questionamento da falta de uma política preventiva integrada que envolva todas as instituições com competências nesta matéria. A compreensão integrada e sistémica de muitas patologias na área da governação é a forma adequada para conformar políticas que queiram, de facto, enfrentar os variados problemas que se suscitam. Por isso, insiste-se, torna-se imperiosa a necessidade de trabalhar com um conceito amplo de corrupção e com uma estratégia nacional que permita uma execução eficaz[97].

Assumir operativamente o conceito de corrupção como «todo e qualquer abuso de poder em benefício próprio», no sentido dado pelo Relatório da Comissão ao Conselho e ao Parlamento Europeu[98] embora com muitas limitações, será um passo essencial no âmbito da definição de políticas públicas.

Tal conceito não reduz a exigência de tratar, em termos substantivos, a matriz jurídico-penalmente relevante que podem comportar vários tipos criminais, como se referiu, e que abrangem, entre outros, a corrupção *strito sensu*, o recebimento indevido de vantagens, o tráfico de influências, a participação económica em negócio, a concussão, o abuso de poderes, o branqueamento de capitais e mesmo crimes que envolvem outros bens jurídicos, como a corrupção no desporto ou a criminalidade fiscal.

A utilização de um conceito elástico como o referido é, no entanto, essencial à operacionalização das políticas públicas anti-corrupção nas suas dimensões preventiva e repressiva, não necessariamente penal, levadas a termo pelas diversas instituições que, neste âmbito, têm intervenção de acordo com as suas competências.

[97] Estratégia nacional que foi, aliás, proposta pela TIAC, «Transparência e Integridade», e comporta cinco dimensões: justiça, política, administração pública, sociedade e sector privado e Regulador. Cf. https://transparencia.pt/juntos-contra-a-corrupcao/.

[98] Cf. RELATÓRIO DA COMISSÃO AO CONSELHO E AO PARLAMENTO EUROPEU RELATÓRIO ANTICORRUPÇÃO DA EU, Bruxelas, 2014.

Para as políticas de prevenção, onde a efetividade dos resultados pode ser mais facilmente mensurável, assumir aquela dimensão ampla, que vai além de toda a tipologia criminal, tem vantagens claras. Não se trata apenas de exibir estatísticas de crimes ocorridos ou condenações efetivadas, tratando-se não só de assegurar o regular funcionamento do sistema e das suas instituições de controlo, em termos de garantia e confiança pública, mas também de assegurar um conjunto de resultados que passam pelo valor económico de recuperação de ativos decorrentes de fraudes ou outras patologias criminais e pela reintegração de valores mal utilizados decorrentes de patologias financeiras com repercussão nas contas públicas. Isto aconteceu em países onde o investimento nas políticas de prevenção da corrupção foi perspetivado seriamente, ainda que em complemento com uma política criminal repressiva eficaz.

O regime sancionatório de muitas condutas que colidam com tais normas só pode ser compreendido se toda a matéria que abrange o conceito amplo de corrupção for tratada de forma sistémica.

Torna-se, por isso, necessário desenvolver e concretizar uma política anticorrupção integrada, tanto de um ponto de vista preventivo como repressivo, realista e eficaz que garanta a integridade do sistema de governação pública, onde as instituições formais de controlo tenham uma intervenção efetiva. Mas, também, que envolva toda a dimensão privada, concretamente dos intervenientes no mercado, atores e reguladores.

No entanto, não é possível alienar uma dimensão absolutamente relevante de controlo e fiscalização públicos ao sabor de uma regulação fundada no funcionamento do mercado. É hoje claro que a ideia de uma sociedade autorregulada é uma utopia autodestrutiva, «incompatível com a vida social e humana»[99].

Por isso, aos vários poderes de controlo da competência de várias instâncias formais é exigido um papel essencial na sua afirmação e consolidação, ainda que executados em perspetivas e níveis diferentes e por atores diferenciados.

Trata-se de uma política cujos destinatários são todas as instituições de soberania, nomeadamente o poder legislativo, o poder executivo e o poder judicial, mas, também, com imposições diretas na administração

[99] Rendueles, 2017, p. 262.

pública em geral, nas entidades reguladoras e nas entidades com responsabilidades financeiras.

Mais complexa será a metodologia de coordenação exigida a todas as instituições e órgãos envolvidos. Assumindo que as dimensões legislativa, executiva e judicial se estruturam na afirmação constitucional da separação de poderes e que essa é uma linha de atuação inultrapassável, importa, no entanto, concretizar um modelo de funcionamento exequível, máxime de prevenção, que funcione de modo organizado e concordante, sem pôr em causa as diversas funções e poderes separadamente executados.

Como numa «orquestra de câmara», existem órgãos de soberania (parlamento, governo, tribunais, aqui incluindo o Ministério Público) com competências específicas próprias e não delegáveis que só podem ser executadas pelos seus titulares. Nesta matéria, existem ainda no interior de cada órgão de soberania instituições com graus de autonomia e independência que são essenciais ao cumprimento das suas funções (é o caso das polícias, das entidades fiscalizadoras ou dos órgãos de controlo interno).

É imperativo, no entanto, que se estabeleçam formas institucionais de articulação e, sobretudo, coordenação que permitam a executar uma «pauta comum» no que respeita às políticas preventivas que envolvem a matéria da corrupção. Sendo o Governo, nos termos do artigo 182.º da Constituição da República Portuguesa, «o órgão de condução da política geral do país e o órgão superior da administração pública», ou seja, competindo-lhe «o exercício ou prossecução de tarefas de direção politica materialmente caraterizadoras da orientação da atividade estadual», nas palavras de Gomes Canotilho e Vital Moreira[100], caber-lhe-á sempre essa dimensão de coordenação, ainda que constitucionalmente vinculada, nomeadamente ao respeito pelas funções dos restantes órgãos de soberania.

A transversalidade da execução das políticas anticorrupção, quer pelos vários órgãos de soberania, como se verá, quer pelos vários departamentos do Governo, exige, por isso, na orgânica deste último uma dimensão específica de intervenção horizontal, verdadeiramente legitimadora dessa função de «regência de orquestra».

A efetividade no domínio das políticas públicas é uma exigência em praticamente todas as democracias que, ainda que variando o grau de implementação, não pode ser ignorada e que exige compromissos a cada

[100] Gomes Canotilho, Vital Moreira, 2010, p. 474.

um dos poderes de forma a executarem as suas competências constitucionais de modo eficiente e eficaz.

2. Políticas sustentadas para instituições diferenciadas

Hoje, podem identificar-se um conjunto de ilicitudes subjacentes à "má governação" envolvendo dinheiros ou valores públicos que, decorrendo da corrupção no sentido amplo referido, atingem diretamente todos os cidadãos.

E atingem-no em duas perspetivas. De um lado, no domínio económico, onde se constata que o desvio ou a apropriação de enormes quantias monetárias ou a utilização sem critério de bens públicos distorce toda a regulação normal da economia e leva a que sejam os cidadãos os destinatários diretos das políticas públicas restritivas exigidas para compensar aqueles desvios.

Por outro lado, evidencia-se uma enorme quebra de confiança nas instituições, com uma gravíssima consequência na deslegitimação da governação pública e nas formas que a legitimam. As débeis respostas das instituições administrativas, policiais e judiciárias contribuem, igualmente, para esta quebra de confiança.

A todas as instituições de soberania é exigida efetividade na concretização de políticas anticorrupção.

Aos cidadãos, individualmente e nas várias dimensões de intervenção coletiva, bem como às empresas, é igualmente exigida uma participação ativa na concretização de tais políticas.

A emergência de políticas efetivas no domínio da corrupção é uma constatação em praticamente todas as democracias, ainda que variando de grau de implementação.

No período de 2014/2017, a União Europeia, onde se verificaram nesta matéria grandes disparidades entre os, então, 28 Estados, alternou políticas comuns para todos os Estados com especificações pelos vários países, levando em consideração as situações concretas observadas nos mesmos. Identificaram-se recomendações a concretizar para cada país em concreto, para que, anualmente, se efetivem as reformas necessárias nos Estados-Membros.

Nesse sentido, a afirmação de políticas diferenciadas decorre da diversidade dos sectores e da sua exposição a riscos de corrupção, nomeadamente ao nível dos 27 Estados, onde a intervenção de múltiplos atores, sujeitos muitas vezes a regras que não são comuns, comportam modelos de atuação diversos.

Se, por exemplo, a área da contratação pública é, genericamente, reconhecida como área de risco, então é necessário enveredar por mecanismos de controlo e prevenção mais assertivos nesta área. No entanto, face ao seu âmbito, poderá detetar-se maior incidência de patologias que evidenciam diferentes riscos, em áreas como os cuidados de saúde, o tratamento de resíduos, as obras públicas de grande dimensão, os investimentos e outras operações financeiras, como as Parcerias Público-Privadas, efetuados pela administração central, regional ou mesmo por autarquias locais. A intervenção preventiva deverá, por isso, ser adequada e orientada a tais áreas.

A preocupação da União Europeia estende-se, ainda, a nível interno, à relevância no melhoramento da eficiência da despesa pública[101].

No que respeita à economia, em sentido amplo, envolvendo as empresas privadas e as públicas e a sua inserção no mercado, assume-se uma perspetiva realista mais conforme com a compreensão «globalizada» das questões que devem envolver as políticas anticorrupção. Nesse sentido, a Comissão Europeia identificou, não apenas as instituições públicas, como também as empresas enquanto destinatários de algumas políticas.

A preocupação das empresas relativamente aos problemas da corrupção tem, aliás, um significado relevante no âmbito das políticas europeias. Veja-se o relatório do Eurobarómetro de 2017 sobre a «Atitude das empresas perante a corrupção na UE»[102], nomeadamente a constatação da corrupção ser um problemas para as empresas que fazem negócios (ainda que variáveis conforme os países). Isto significa que também o sector privado, quer por via de mecanismos de auto regulação, quer por via de hétero-regulação, deve integrar-se nestas políticas.

De igual modo, os sistemas financeiros não podem estar afastados do âmbito de intervenção das políticas públicas que sejam nesta matéria adotadas. Recorde-se que o financiamento das empresas, dos cidadãos, das instituições públicas e do próprio Estado é efetuado pelo sistema financeiro, sendo demasiado importante para que não seja sindicável em todas as suas vertentes.

101 Cf. COM (2017).

102 Cf.http://ec.europa.eu/commfrontoffice/publicopinion/index.cfm/Survey/getSurveyDetail/instruments/FLASH/surveyKy/2177.

3. Uma cultura de transparência e integridade

Se é possível assumir a afirmação do que será a "melhor" prevenção da corrupção, isso decorre da concretização de uma cultura de transparência e integridade numa determinada sociedade, desenvolvida através de medidas diversificadas e integradas, tanto pelos vários órgãos da administração pública, como pela sociedade civil, nomeadamente os cidadãos, as escolas e as empresas.

«Investir» numa política de virtude e integridade das instituições de um país assume-se como a forma proactiva mais eficaz para travar um certo modo de desregramento social sobre o que é o interesse público.

Seria interessante assumir nesta matéria uma ideologia de sentido verdadeiramente revolucionário, no sentido a que se refere Pocock quando afirma que a oposição entre «virtude e corrupção foi uma força importante para o desencadeamento das revoltas das colónias americanas, [podendo] afirmar que ela foi uma ideologia capaz de funcionar num sentido revolucionário»[103].

É exatamente o funcionamento de uma nova ideologia de transparência, virtude e integridade que deve desafiar as políticas públicas.

Como referem alguns estudos da OCDE[104], «o reforço da integridade das instituições do governo e dos representantes eleitos, o estabelecimento de um diálogo contínuo com os cidadãos através de métodos de elaboração de políticas abertas e participativas e o fortalecimento da capacidade do governo para escolher as políticas mais adequadas entre várias opções, são, todos eles, essenciais para reaproximar os governos dos seus cidadãos e fomentar um crescimento mais inclusivo e sustentável».

Nesta dimensão, não se pode deixar de salientar o trabalho que tem sido efetuado pelas organizações não governamentais, com um destaque especial para a *Transparência Internacional*, pela sua dimensão de denúncia e pela manutenção permanente na agenda global de um instrumento tão relevante como o «Índice de Perceção da Corrupção», publicado anualmente[105]. A nível nacional, destaca-se a atividade da ONG subsidiária *Transparência e Integridade*[106] e as iniciativas que executa.

[103] Pocok, 2013, p. 92.

[104] Cf. OCDE, 2017.

[105] Cf. nota supra.

[106] Cf. https://transparencia.pt/organizacao/.

É interessante constatar que, segundo o Eurobarómetro[107], as práticas mais comuns vistas como fator de distorção ou favorecimento da corrupção para os portugueses são o favorecimento de amigos e familiares em negócios e nas instituições públicas, mais do que os subornos ou as comissões.

Esta dimensão comporta, desde logo, uma integração das políticas de cidadania em todo o percurso escolar, a iniciar nos anos mais precoces e com sucessivas adaptações em função dos graus de ensino.

Se, numa primeira fase, é preciso fazer entender a todos, nomeadamente aos mais jovens e de um ponto de vista acessível, as virtudes de um modelo de vida afastado de patologias como a corrupção e as consequências de quem envereda pela sua prática, em fases mais avançadas da escolaridade é imperioso desenvolver as capacidades dos jovens para a densificação do próprio sistema democrático, dos valores da cidadania e das repercussões práticas de um modelo económico assente no respeito de valores como a transparência, a responsabilidade e a prestação de contas, conexo com o modelo de economia de mercado.

No entanto, esta tem sido uma perspetiva muito pouco atrativa para os responsáveis pela educação, nomeadamente no alargamento curricular a matérias relacionadas com a cidadania e, concretamente, a relevância de instituições transparentes, credíveis e que dêem confiança aos cidadãos.

A Estratégia Nacional de Educação para a Cidadania (ENEC)[108], ainda que integre «um conjunto de direitos e deveres que devem estar presentes na formação cidadã das crianças e dos jovens portugueses, para que no futuro sejam adultos e adultas com uma conduta cívica que privilegie a igualdade nas relações interpessoais, a integração da diferença, o respeito pelos Direitos Humanos e a valorização de conceitos e valores de cidadania democrática, no quadro do sistema educativo, da autonomia das escolas e dos documentos curriculares em vigor», não comporta nenhuma abordagem concreta e específica sobre a corrupção, nomeadamente no sentido amplo que vem sendo tratado.

Seria, por isso, relevante concretizar políticas educativas, em todos os graus de ensino, que evidenciassem a relevância do funcionamento

107 Cf. EUROBARÓMETRO, 2015.

108 Cf. https://dge.mec.pt/estrategia-nacional-de-educacao-para-cidadania.

das instituições, nomeadamente a sua vinculação a comportamentos alinhados com os princípios da transparência, legalidade e boa governação.

Ainda sobre a transparência, existem áreas estratégicas fundamentais onde é essencial intervir pelas implicações que comportam, quer no domínio legislativo, quer no seu controlo. Trata-se da matéria do conflito de interesses, nomeadamente na afirmação de uma política de intransigência na admissibilidade de cumplicidades entre o sector público e o sector privado, através do estabelecimento de regimes de impedimentos e incompatibilidades de exercício de funções cumulativas e sucessivas naqueles setores. Mas, sobretudo, zelar para que sejam concretizados e se efetivem as competentes responsabilidades daí decorrentes.

4. Entre o legislativo, o executivo e a administração

A democracia não é apenas um sistema de governo. Nas palavras de Tawney a democracia deve ser também «um tipo de sociedade e uma forma de vida em harmonia com esse modelo social»[109].

Numa das dimensões mais relevantes do modelo democrático, é impressiva a exigência de uma intervenção de amplos controlos pelas várias instituições do Estado, permitindo enquadrar a sua dimensão transnacional, os sistemas público e privados e, sobretudo, que leve em conta as exigências públicas de transparência devida aos cidadãos. Nesta perspetiva, assume especial relevo a capacidade de cruzamento e integração entre quem legisla, executa e administra o sistema público.

Ainda que com intervenções diferenciadas, nomeadamente no âmbito dos poderes constitucionais, o papel do Parlamento, do Governo e da administração exige integração e assunção de compromissos comuns, de modo a que o que for concretizado tenha coerência e seja eficaz. Identificam-se, nesse sentido, os tópicos seguintes.

4.1. Conhecimento, identificação e partilha do risco

Ainda que diferenciadamente, a análise global do problema pelas várias instâncias e instituições com poderes diversificados na matéria é o primeiro passo para um maior efetividade exigida no âmbito das políticas públicas nesta matéria.

[109] Tawney, 1931.

É necessário traçar um «mapa» da realidade que envolva os fenómenos da má governação consubstanciada em patologias que podem exigir, como sanção, ilícitos criminais ou não criminais, ou apenas controlos ou restrições, não necessariamente de natureza sancionatória. Neste «mapa», importa determinar com precisão quais as áreas vulneráveis ao desenvolvimento de práticas corruptas ou que possa a elas conduzir, identificando «zonas de risco» onde é favorável o desenvolvimento de fenómenos patológicos relacionados com a corrupção, quais as instituições que devem intervir e que medidas devem ser tomadas.

A determinação de zonas de risco de corrupção é, como ponto de partida, uma medida essencial de modo a delimitar políticas concretas e atuações eficazes. O conhecimento das realidades exige, por isso, a disponibilidade de um conjunto de ferramentas que permitam conhecer e identificar o máximo de situações onde seja necessário intervir. Aqui, assumem especial destaque os inquéritos a realizar nos Estados, nomeadamente aos cidadãos, empresas ou instituições permitindo delimitar, tanto pela positiva como pela negativa, áreas de intervenção prioritária. Veja-se o caso das Nações Unidas através da UNOCD, que disponibiliza hoje um *Manual on Corruption Surveys* exatamente para concretizar essa exigência[110].

Deve salientar-se o ênfase que a própria Comissão Europeia sustenta sobre esta questão, identificando áreas ou setores que estão extremamente expostos à corrupção, como é o caso da contratação pública. Os contratos públicos, quer pela sua repercussão na atividade económica do Estado para os cidadãos e para as empresas, quer pelo seu valor, constituem uma área de «risco elevado» no domínio da corrupção em toda a União. Tanto o Relatório da EU de 2014 como os dados disponibilizados pelo Eurobarómetro relativos ao ano de 2017 identificam como áreas ou setores de risco na contratação pública mais vulneráveis à corrupção os sectores da construção, da energia, dos transportes, da defesa e da saúde. Ainda que não existam estudos académicos inequivocamente demonstrativos de situações similares, os elementos empíricos disponíveis permitem a afirmação de que se verifica uma situação semelhante em Portugal.

[110] Cf. UNODC (2018).

Outra área de risco sistematicamente evidenciada pelos relatórios do Conselho de Prevenção da Corrupção, sobretudo ao identificar o número de participações efetuadas ao longo dos anos àquele órgão, envolve o setor da administração local. Ao longo dos anos, este sector estruturante assume, sistematicamente, "honras de podium", quer por via de condenações criminais, sanções administrativas envolvendo perda de mandatos ou irregularidades financeiras, envolvendo matérias relacionadas direta ou indiretamente com a contratação pública ou com outro tipo de contratos ou negócios, nomeadamente as PPP.

Da mesma forma, a matéria envolvendo o sistema financeiro, por via dos riscos claríssimos que comporta para os vários subsistemas mas, sobretudo, com relevância no sistema económico e nas finanças públicas, não deve continuar excluído de um sistema integrado de prevenção. À semelhança da sua inserção e do relevante papel que assume no sistema integrado de prevenção do branqueamento de capitais e do terrorismo, deve exigir-se um outro papel aos reguladores financeiros no domínio da prevenção da corrupção e patologias conexas.

4.2. A permeabilização de funções e interesses

Como se referiu, é hoje claro que o sistema económico controla, de facto, a dimensão pública da governação, condicionando e mesmo absorvendo todos os discursos que a envolvem.

A interligação ou a conexão entre quem desempenha funções públicas com uma dimensão privada que envolve muitos dos que foram, são ou podem vir a ser «servidores» públicos impõe uma exigência de diferenciação cada vez maior entre a esfera pública e a esfera privada, tendo em conta os interesses em causa e que não são sobrepostos ou sobreponíveis.

Por essa razão, é exigível um quadro normativo que possa garantir três dimensões.

Em primeiro lugar, garantir que as informações específicas adquiridas no exercício de uma função pública não são utilizadas abusivamente, nomeadamente ao serviço de interesses privados, eventualmente conflituantes.

Em segundo lugar, assegurar que um agente público não seja influenciado no exercício da sua autoridade, nem por considerações de carácter pessoal, nem pela expectativa ou antecipação de um "emprego" futuro em entidades privadas.

Em terceiro lugar, assegurar que as relações e os contactos dos agentes públicos (atuais ou que já o foram) não sejam utilizadas para seu benefício próprio ou de terceiros.

A complexidade da matéria relacionada com o conflito de interesse e a sua blindagem comporta uma diversidade de soluções sustentadas em duas dimensões.

Por um lado, o quadro normativo que impede e sanciona, em regra, por via administrativa um conjunto tipificado de impedimentos (*hard law*).

Por outro lado, um conjunto mais alargado de instrumentos não vinculativos provenientes de várias instituições que pretendem, quer pela via autorreguladora, quer mesmo pela via hétero-reguladora, instituir procedimentos de transparência e responsabilização no exercício da governação (*soft law*).

Já se referiu que a fragilidade do quadro geral normativo sobre esta matéria é evidente.

Numa perspetiva mais ampla do conflito de interesses, assume especial relevância, pelas suas especificidades, a dimensão do «revolving door», ou, em linguagem francófona, o «pantouflage». Trata-se, essencialmente, do exercício «circulatório» de cargos na administração pública/política e no exercício de funções privadas sem qualquer controlo ou regras, permitindo a utilização de vantagens adquiridas no seu exercício ou por causa dele na dimensão privada. De uma forma muito explícita, em situações como esta está em causa «o conluio oculto entre interesses privados que sustentam o velho sistema de corrupção» passando-se para uma «confusão explícita e institucionalizada de papéis e atores», como refere Ferrajoli[111].

São notórios e frequentes os exemplos, em muitos países da Europa, em que governantes, imediatamente após a cessação de funções, passam a "conselheiros" ou "consultores" de empresas que participaram e/ou ganharam concursos públicos no período em quem estes governantes exerceram essas funções, ou que estiveram envolvidos em processos de privatizações realizados no mesmo período.

Sobre este problema o GRECO, no final de 2007 (após a finalização do segundo ciclo de avaliação), recomendou que se criasse, nos países do Conselho da Europa, legislação que regulamentasse de forma eficaz

[111] Ferrajoli, 2011, p. 54.

a «passagem» do público para o privado, quer pela criação de normas de interdição de divulgação de informações (após a cessação de funções), quer ainda através de legislação penal. Dos quinze países alvo dessa recomendação apenas dois a cumpriram[112].

Trata-se de evitar as consequências da permeabilização entre os protagonistas que prestam funções públicas e as empresas privadas, sobretudo as grandes empresas cujos resultados de negócios estão sempre dependentes das políticas públicas.

Como se referiu, a exigência de transparência nos processos de decisão comporta a necessidade de identificar e blindar toda a matéria relacionada com o conflito de interesses, nomeadamente a limitação do exercício de atividades entre decisores públicos e quem se relaciona diretamente com as empresas/entidades públicas e privadas.

No âmbito das políticas de *compliance*, importa identificar e sinalizar à partida procedimentos capazes de evitar contaminações entre decisores, por via do exercício de funções que podem ser conflituantes.

Em Portugal, no domínio da chamada *soft law*, salienta-se o teor da Recomendação do Conselho de Prevenção da Corrupção, de 7 de novembro de 2012 e a concretização de alguns códigos de ética vigentes, quer no domínio da atividade política, quer no domínio da atividade empresarial pública e privada.

Sobre a dimensão normativa, uma análise aos regimes legais nacionais referentes ao controlo dos possíveis conflitos de interesses, verifica-se que ocorreu no sector público alguma evolução no ordenamento jurídico nacional, com a Lei n.º 52/2019, de 31 de julho. Como já se referiu (cf. Capitulo I, 6), esta é uma Lei com um vasto campo de aplicação subjetiva, ou seja, com vários destinatários nem sempre sujeitos às mesmas regras e que continua a conformar algumas debilidades e mesmo algumas perplexidades (como é o caso da eliminação do impedimento das funções de árbitro e perito para titulares de cargos políticos, durante o ano subsequente ao fim do mandato).

O regime débil de impedimentos e inabilidades, o restrito âmbito subjetivo das limitações ao exercício de atividades diretamente relacionadas com as empresas privadas, bem como a sua fragilidade de conteúdo, não

[112] Cf. GRECO, 2008.

torna o mecanismo efetivo, não cumprindo, por isso, o objetivo para que foi criado.

O duplo regime de estabelecer interdições de emprego gerais ou específicas para determinados grupos ou, em alternativa, fixar restrições relativas à representação de determinadas empresas, são dois sistemas que se podem articular.

É essencial o estabelecimento de um sistema confiável para evitar desgastes maiores no próprio sistema de governação pública.

Por outro lado, é absolutamente pertinente a pergunta sobre qual a eficácia de um regime sancionatório sustentado apenas em sancionamentos administrativos, concretamente na ilegibilidade temporária para cargos públicos.

Finalmente, mas não menos importante, importa questionar se não devem ser modificados os débeis mecanismos de controlo social sobre as situações que envolvem este tipo de permeabilidade e mesmo alguma tolerância social e pública às mesmas.

Sobre os conflitos de interesses na contratação pública, especificamente entre responsáveis públicos, entidades concorrentes, órgãos deliberativos, comissões, grupos de trabalho de escolha, júris e consultores, estamos num regime com muitas debilidades, onde apenas algumas regras gerais, dir-se-iam, óbvias, estão consagradas no Código de Contratos Públicos (CCP) e no Código de Procedimento Administrativo (CPA).

A relevância da matéria levou a que a nova diretiva do Parlamento Europeu e do Conselho, de 26 de fevereiro de 2014, relativa os contratos públicos imponha expressamente aos Estados-Membros que assegurem «que as autoridades adjudicantes tomem as medidas adequadas para impedir, identificar e resolver eficazmente conflitos de interesses que surjam na condução dos procedimentos de contratação, de modo a evitar qualquer distorção da concorrência e garantir a igualdade de tratamento de todos os operadores económicos».

Isto significa que existe da parte da União uma empenho normativo no sentido de os Estados tornarem mais efetiva a exigência de imparcialidade e independência nos contextos de adjudicação pública.

Entre medidas concretas passíveis de serem eficazes para evitar esta situação, assume especial relevância na contratação pública a inclusão nos documentos de habilitação a apresentar por cada concorrente que seja pessoa coletiva de documento contendo a identificação completa de todos os sócios individuais ou coletivos do concorrente[113].

A recente Recomendação do Conselho de Prevenção da Corrupção, de 2 de outubro de 2019, veio incidir também neste âmbito, reforçando mais uma vez a necessidade de se atentar na questão dos conflitos de interesses.

4.3. Mecanismos de sinalização e denúncia

No âmbito das políticas de prevenção, a identificação e criação de soluções normativas para evitar ou permitir às entidades formais de controlo, mais rapidamente, conhecer e investigar comportamentos «patológicos» de natureza corruptiva assenta, também, na existência e disponibilização de mecanismos de sinalização, denúncia ou simplesmente mecanismos de alerta (*whistleblowing*), extensivos a várias áreas.

Trata-se de mecanismos ágeis que permitam a todos os cidadãos e, concretamente, a funcionários ou colaboradores de empresas e/ou instituições, a comunicação de ilícitos, ou tão só comportamentos irregulares, às autoridades competentes para a investigação criminal (ou a autoridades que façam essas comunicações), assegurando que tais denúncias/alertas sejam efetuados de modo seguro e a coberto de quaisquer retaliações. Essencialmente, trata-se de canais para receção de denúncias concebidos por forma a assegurar a confidencialidade da identidade dos denunciantes quando estão em causa matérias de interesse público[114].

Importa sublinhar que os mecanimos de *whistleblowing*, mais do que instrumentos de delação ou de colaboração com autoridades policiais, tiveram a origem na segurança e prevenção de riscos de natureza laboral, nomeadamente com a necessidade de alerta para comportamentos menos corretos ou mesmo irregulares de determinadas actuações no desempenho profissional que provocavam entropias nos processos de trabalho e de produção[115]. A sua generalização para outras áreas, nomeadamente para o sistema penal, ainda que com finalidades diferenciadas, não deve omitir a sua matriz originária, essencialmente de natureza de prevenção de riscos.

[113] Neste sentido, Tavares, 2017, p. 198.

[114] Sobre este tema sublinha-se o amplo e profundo trabalho efetuado por Ramos, 2018.

[115] Sobre a origem do sistema, cf. Benítez Palma, 2018, p. 13.

A relevância prática de tais institutos entende-se a partir do momento em que se compreenda a natureza fechada, opaca e muitas vezes quase blindada da ecologia sistémica que envolve a prática de crimes ou outras infrações que envolvem a corrupção.

Neste enquadramento, entende-se que as denúncias ou os alertas são mecanismos essenciais para a prevenção das infrações em função dos interesses que devem ser assegurados e, também, para salvaguarda do bem estar social, nomeadamente evitando situações disruptivas como a falta de confiança e lealdade entre cidadãos ou entre estes e as instituições de controlo.

Trata-se, por isso, de soluções que não podem nem devem ser utilizadas e potenciadas para além da sua própria finalidade, ou seja, funcionarem tão só como mecanismo de denúncia ou destapamento[116] de situações que dificilmente seriam passíveis de ser investigadas.

São essencialmente duas as vertentes que se pretendem atingir com estes sistemas. Por um lado, criar canais variados que permitam o funcionamento de mecanismos de denúncia sem constrangimentos, alargando-os a todos os órgãos da administração direta e indireta do Estado, a entidades corporativas, públicas e privadas que beneficiem de dinheiros públicos ou a organizações da sociedade civil, mas também a todo o setor privado. Deve sublinhar-se a exigência de que os mecanismos só podem funcionar e só serão legítimos se estiverem em causa interesses públicos (e nunca interesses particulares) e a dimensão de recusa em dar primazia a qualquer interesse particular do denunciante.

Por outro, nos casos que se mostre necessário, importa proteger legalmente os denunciantes em função de represálias ou constrangimentos a que possam estar sujeitos, quer seja a nível pessoal, profissional ou mesmo familiar.

No que respeita ao alargamento dos canais de denúncia, o que está em causa é concretizar a disponibilidade das autoridades dos vários sistemas (processuais e organizacionais) para, através de procedimentos seguros, garantirem a confidencialidade do agente que comunica comportamentos ou atos suscetíveis de consubstanciar infrações que configuram aquelas patologias.

[116] Sublinhando esta dimensão, Hussain, 2014, p. 155.

Quanto às medidas de proteção, estão em causa, entre outras, a preservação da identidade, a transferência do ambiente e local de trabalho, a proteção contra a possibilidade de retaliações no ambiente de trabalho, entre outras. De igual forma, estão em causa medidas de proteção à integridade física, muitas já aplicadas no domínio da proteção de testemunhas no âmbito do processo penal[117].

Deve referir-se que a amplitude e diversidade das situações em que podem aplicar-se os mecanismos de denúncia comporta exigências de diferenciação e garantia da proporcionalidade absolutamente claras, ou seja, estes mecanismos não devem ser admitidos em qualquer situação e devem ser «moldados» em função das situações concretas. Nem todas as organizações têm que dispor de tais mecanismos nem os mesmos devem ser iguais para todo o tipo de organizações. Grandes organizações devem admitir e criar sistemas de denúncia com determinada estrutura. Ao contrário, pequenas organizações ou empresas podem não ter que criar ou estabelecer esses mecanismos. A efetividade que os mesmos podem comportar para as políticas de prevenção de «patologias» sistémicas que envolvam um conjunto vasto de infrações que podem lesar interesses que estão diretamente relacionados com a boa governação levou a Comissão Europeia e o Parlamento Europeu a propor a criação de mecanismos de alerta generalizados, ainda que circunscritos a matérias das suas competências. A proposta de diretiva foi aprovada em 16 de abril de 2019 pelo Parlamento Europeu[118].

Ainda que circunscritos a infracções às normas da UE, nomeadamente em matéria de contratos públicos ou das regras de concorrência, a esquemas de planeamento fiscal agressivo, a infrações nos domínios da segurança dos produtos, da segurança dos transportes, da proteção do ambiente, da segurança nuclear, da segurança dos géneros alimentícios e dos alimentos para animais, da saúde e do bem estar animal, da saúde pública, da defesa do consumidor, da proteção da privacidade e dos dados pessoais e da segurança da rede e dos sistemas de informação e a normas respeitantes à proteção dos interesses financeiros da União, trata-se de um primeiro conjunto normativo transversal que poderá alterar significativamente a situação atual.

[117] Cf. Lei n.º 93/99, de 14 de Julho.

[118] Cf. COM (2018) 214 final COM.

A diretiva assenta nos princípios da subsidiariedade e proporcionalidade e, nesse sentido, estabelece normas mínimas comuns apenas nos domínios onde é necessário reforçar a aplicação da legislação, sobretudo para as infrações que podem lesar gravemente o interesse público. Por outro lado, a proposta estabelece normas mínimas deixando aos Estados-Membros a possibilidade de introduzir ou manter disposições mais favoráveis para os direitos dos denunciantes. Finalmente, a proposta efectua uma diferenciação entre entidades, nomeadamente empresas destinatárias, levando em conta a proporcionalidade da sua dimensão e o nível de risco que as suas atividades representam para o interesse público.

Em concreto, a diretiva conforma normas relativas (i) à obrigação de estabelecer canais e procedimentos internos para denúncias e seu seguimento, (ii) à obrigação de estabelecer canais para denúncias externas e de lhes dar seguimento, incluindo normas relativas à concepção de canais, pessoal dedicado a essas tarefas e procedimentos e (iii) um conjunto relevante de normas sobre proteção de denunciantes e das pessoas visadas pelas denúncias.

4.4. Crimes e punição: a última *ratio*

O estabelecimento do quadro normativo para a tutela penal, cuja competência de natureza constitucional é do poder legislativo, só se justifica (e legitima) se for concretizada como última terapêutica para patologias sistémicas que não possam ser «tratadas» por via de outras dimensões sancionatórias, administrativas ou contraordenacionais menos intrusivas e menos complexas nos seus procedimentos mas, por isso, mais eficazes.

Como se referiu, o sistema penal, que envolve todos os crimes referidos no Capítulo I, ponto 2 do livro, conforma um enquadramento legal que obedece aos quadros normativos internacionais que vinculam Portugal, bem como aos padrões exigidos pelas várias organizações internacionais.

Vale a pena enfatizar que a tipificação criminal de qualquer comportamento deve obedecer a princípios onde sobrelevam os princípios da necessidade e da subsidiariedade. Nesse sentido, segundo o primeiro, o direito penal só deve intervir quando isso seja necessário e só deve criminalizar um comportamento quando esta criminalização seja essencial para a manutenção da estrutura da comunidade. Por essa razão, só devem ser protegidos pelo direito penal bens jurídicos fundamentais, assentes no quadro de valores constitucionalmente consagrados.

Quanto à concretização do princípio da subsidiariedade, a dogmática vem sublinhando que o legislador não deve intervir no domínio penal quando os objetivos previstos sejam passíveis de serem concretizados de forma suficiente através de outros mecanismos sancionatórios. Isto significa que não faz sentido enveredar por políticas repressivas de natureza criminal se outras sanções, nomeadamente de natureza administrativa ou contraordenacional, produzirem o mesmo efeito.

Àqueles princípios, acresce a necessidade de desenvolver e conferir efetividade ao princípio de eficácia na realização da justiça criminal que, em boa medida, se sustenta na celeridade. Assumindo-se esta como uma dimensão do princípio conformador do processo justo, tem como matriz indispensável a rapidez e a diligência na tramitação dos assuntos, bem como a efetividade real decorrente dos efeitos práticos da decisão que, cada vez mais, está no lastro das políticas públicas[119].

A relevância destes princípios dogmaticamente aceites deve informar de forma clara toda a dimensão da política criminal num Estado Democrático.

Enveredar por um discurso de política criminal sustentado em mais crimes não é, certamente, o caminho primordial, quer pela razão essencial que aquela dimensão do direito penal assume na ordem jurídica sancionatória, quer pela exigência de efetividade que deve sustentar a aplicação de qualquer pena através de um processo penal justo.

Face a esta consideração geral, sublinha-se que estes princípios assumem ainda maior impressividade no domínio da criminalização de condutas que envolvem os problemas da corrupção.

A híper-criminalização de condutas deve parar no limite em que é difícil provar o que é crime e o que, sendo ilícito, não é crime. No caso de crimes envolvendo o conceito amplo de corrupção, não parece fazer sentido enveredar pelo exemplo da "teimosia" legislativa em criminalizar novos comportamentos, como o enriquecimento ilícito ou injustificado conhecida, por um lado, a eficácia do sistema tributário em recuperar tributos que são devidos por formas de «enriquecimentos improváveis» e, por outro lado, o elevadíssimo risco constitucional que, por essa atípica configuração, trariam mais ruído e menos sanção.

[119] CF. Lopes, 2011, p. 367.

A necessidade da introdução de novas criminalizações no domínio da corrupção, quando devidamente ponderada, não pode assentar em tipos criminais «pouco claros» em que não sejam perfeitamente discerníveis os bens jurídicos que se querem proteger. Por outro lado, torna-se cada vez mais importante atentar na dimensão comparatística do leque de crimes que sustentam a tutela penal da corrupção no sentido amplo que vimos defendendo, evitando disfunções entre sistemas penais que são, hoje, necessariamente colaborantes. A não ser assim, na aplicação das normas a montante serão sempre provocadas entropias e obstáculos à investigação, nomeadamente pela não coincidência de elementos típicos dos crimes, com a consequente paralisação dos mecanismos de cooperação internacional em matéria penal.

Questão diferente será a exigência de harmonização de normas penais relativamente a quadros internacionais adotados e, do ponto de vista interno, a consolidação de regimes normativos que envolvem matérias como a prescrição dos vários tipos de crimes que se subsumem no conceito amplo de corrupção.

De igual modo, o sistema penal, ainda que não deva ser estático, não deve ser objeto de alterações sucessivas e fragmentárias, efetuadas ao sabor de políticas conjunturais pouco sedimentadas, que traduzem quase sempre uma proliferação de normas penais frágeis, pela sua inefetividade.

Finalmente, a proteção normativa e sancionatória de muitos interesses legalmente protegidos, por via de uma prevenção geral eficaz, pode fazer-se através de mecanismos sancionatórios, de natureza administrativa, que não têm que obedecer aos mesmos princípios do sistema penal e que resolvem, de forma eficaz e em termos dissuasórios, muitas patologias sistémicas.

Questão diferente será a dimensão do processo penal e a sua adequação a esquemas criminológicos complexos, opacos e que envolvem dimensões transfronteiriças e sistemas processuais muito diferenciados.

Deve sublinhar-se que o processo penal não pode, em qualquer sistema, deixar de ser um sistema de garantias. Essa é uma barreira intransponível que separa a investigação criminal sustentada num processo penal de um Estado de Direito de um Estado de «não direito».

O atual quadro processual penal português sustenta-se exatamente nos princípios constitucionais e supra constitucionais respeitadores de direitos fundamentais que comportam os modelos democráticos. É um modelo que não pode descurar a inserção do País (e do seu sistema de justiça) num espaço de justiça amplo como é a União Europeia. Decisões recentes do Tribunal de Justiça da União, no domínio do espaço de segurança e justiça, têm vindo a salientar isso mesmo e, sobretudo, a criar linhas inultrapassáveis no domínio das garantias individuais, ainda que de um ponto de vista dos limites do processo penal seja inequívoco o quadro normativo da Convenção Europeia dos Direitos Humanos (CEDH) e as «fronteiras» que têm sido estabelecidas pela jurisprudência do Tribunal Europeu dos Direitos Humanos no domínio do processo penal, concretamente à luz do artigo 6.º (direito ao processo equitativo) da CEDH e dos artigos 2.º (direito a um duplo grau de jurisdição em matéria penal) e 4.º (Direito a não ser julgado ou punido mais de uma vez) do Protocolo 7.º.

Ainda que seja possível adequar algumas situações pontuais envolvendo matéria relacionada com valoração de provas, nomeadamente declarações de arguidos ou coarguidos, a introdução de mecanismos mais intrusivos no domínio da aquisição de provas no processo penal, procedimentos que promovam a simplificação processual ou mecanismos mais abrangentes de direito premial, há limites definidos pela jurisprudência constitucional e europeia que não podem ser ultrapassados, devendo esses limites ser respeitados pelo legislador.

Importará sim, porque mais útil e eficaz, criar mecanismos mais ágeis e robustos de cooperação penal internacional, que permitam fazer funcionar com maior celeridade e fluidez os instrumentos atualmente disponíveis através da Europol, da Eurojust e, no futuro, da Procuradoria Europeia.

Fora do espaço Europeu, é relevante agilizar mecanismos de cooperação penal entre os Estados, nomeadamente aqueles com os quais Portugal tem especiais relações de cooperação, máxime no âmbito da CPLP. Neste sentido, um programa de harmonização legislativa no domínio substantivo e, por outro lado, uma agilização dos mecanismos de cooperação penal através de canais robustos e estruturalmente densificados, assumindo dimensões tecnológicas amigáveis, são alguns dos passos que devem enfatizar-se.

5. A economia e as empresas

A transversalidade das questões de corrupção comporta exigências no sector público mas também nos sectores privado e social, nomeadamente em empresas ou entidades coletivas de natureza privada.

Já se referiu o impacto efetivo que a corrupção assume no domínio empresarial, tanto público como privado.

A *ratio* primária que suporta a dimensão da corrupção no setor privado sustenta-se, em primeira linha, na proteção da concorrência. Esta foi, num primeiro momento, a dimensão dogmática com o seu consequente reflexo normativo por via da criminalização das matérias relacionada com a corrupção no setor privado.

Tratava-se, essencialmente, de criminalizar um conjunto de «deformações» dos mecanismos privados ligados ao bom funcionamento da economia e à transparência dos processos de decisão que com ela têm qualquer conexão, tutelando essencialmente duas dimensões: (i) a economia global, onde as questões da livre concorrência entre os sujeitos económicos deve assumir-se sem obstáculos e de uma forma transparente, para que as empresas não beneficiem de vantagens ocultas na sua posição no mercado e, nessa medida, distorçam as regras próprias de funcionamento do mercado assente na livre concorrência; (ii) a tutela de interesses próprios das empresas ou entidades privadas, onde se destaca a perda de confiança dos investidores, a reputação da empresa e o seu valor no mercado ou mesmo a sua responsabilidade social[120].

Nesse sentido, partindo dos documentos base das Convenções da ONU[121] e da OCDE – "Convenção sobre a Luta contra a Corrupção de Agentes Públicos Estrangeiros nas Transacções Comerciais Internacionais", aprovada em Paris em 17 de Dezembro de 1997 – o quadro legal vinculativo sustenta-se em crimes específicos previstos no artigo 7.º da

[120] Cf. Lopes, 2011.

[121] O artigo 21.º da Convenção de Mérida, «Corrupção no sector privado», estabelece: «Cada Estado Parte deverá considerar a adoção de medidas legislativas e de outras que se revelem necessárias para classificar como infrações penais, quando praticadas intencionalmente, no decurso de atividades económicas, financeiras e comerciais: a) a promessa, a oferta ou a entrega, direta ou indireta, feita a qualquer pessoa que, a qualquer título, dirija uma entidade do sector privado ou nele trabalhe, de vantagens indevidas para ela ou para terceiros, a fim de que, em violação dos seus deveres, essa pessoa pratique ou se abstenha de pratica um ato; b) o pedido ou o recebimento, direto ou indireto, por parte de qualquer pessoa que, a qualquer título, dirija uma entidade do sector privado ou nele trabalhe, de vantagens indevidas para si ou para terceiros, a fim de que, em violação dos seus deveres, essa pessoa pratique ou se abstenha de praticar um ato».

Lei n.º 20/2008, de 21 de Abril, em cumprimento da Decisão Quadro n.º 2003/568/JAI do Conselho, de 22 de Julho, que, enquadrando os crimes de corrupção privada (ativa e passiva) e o crime de corrupção ativa com prejuízo do comércio internacional, no âmbito dos modelos decorrentes da Decisão Quadro, evidenciando a natureza especifica do que está em causa nesta dimensão da corrupção.

No entanto, a dimensão normativa criminal manifestou-se como resposta muito débil em face da amplitude dos problemas.

O envolvimento do sector não público exige uma outra dimensão, sustentada num compromisso efetivo por parte de todos os intervenientes com reflexos diretos nas práticas das entidades coletivas.

As responsabilidades sociais destas últimas entidades decorrem do facto de estarem sujeitas a um quadro normativo de legalidade, ainda que dotado de especificidades próprias e, do ponto de vista financeiro, se integrarem em esquemas económicos onde ocorrem, com frequência, cruzamentos e transferências de dinheiros públicos, que condicionam as próprias posições que ocupam no mercado. Pense-se na disponibilidade de fundos públicos, nomeadamente subvenções ou participação em programas financeiros regionais, nacionais ou transnacionais, no benefício de esquemas de fiscais sustentados em programas específicos para empresas ou sectores sociais, na disponibilidade do Estado suportar garantias bancárias expressamente destinados a determinados sectores, no fornecimento direto de apoios financeiros ou materiais à exportação, na utilização de linhas de crédito bonificadas, na disponibilidade de programas financeiros para recuperação ou mesmo para situações de emergência conjuntural.

O tecido empresarial público e privado e as suas organizações corporativas e reguladoras têm que assumir o discurso da corrupção como obstáculo ou fator de distorção e manipulação do sistema económico onde se movem. Por isso, as políticas de «*compliance*» assumem uma importância essencial nos seus esquemas organizacionais.

O apelo à autorregulação é, nesta matéria, um ponto essencial para credibilidade dos próprios atores da economia, sendo absolutamente relevante o incentivo das organizações internacionais no sentido de sensibilizarem as empresas e as suas organizações corporativas para o problema da corrupção. O papel das empresas é, neste domínio, ainda muito débil. Segundo um estudo da OCDE, em 2003, apenas 43 das 100 principais empresas multinacionais não-financeiras tem declarações públicas sobre a corrupção nos seus sítios[122].

Por outro lado, há um movimento mais amplo de consciencialização por parte das empresas públicas e privadas sobre a relevância das matérias relacionadas com a integridade e a sua utilidade para o próprio desenvolvimento das suas posições no mercado. Isto significa que vem emergindo a consolidação de esquemas de organização de *corporate* no sentido de se concretizarem politicas internas e externas que permitam desenvolver e assumir mecanismos de *compliance* na organização das empresas e de entidades coletivas semelhantes, nomeadamente com o objetivo de prevenir comportamentos ou práticas que conduzam à fraude e/ou à corrupção.

Assumindo-se dogmaticamente como «cumprimento normativo voluntário, em ordem a «minorar significativamente os riscos de responsabilização das sociedades comerciais e respetivos dirigentes nos âmbito civil, contraordenacional e até criminal e, com isso, a defender genericamente os interessados», a «finalidade do *compliance* tem de ser evitar a prática de vários tipos de ilícitos», entre os quais a corrupção, ainda que vista no sentido amplo identificado[123].

É exatamente nessa perspetiva de consolidação de mecanismos de prevenção que, no domínio da corrupção, deve falar-se igualmente de *compliance*, numa perspetiva mais abrangente do que a mera «conformidade» aos regimes normativos fixados, ou seja, criar mecanismos nas organizações que evitem ou previnam a ocorrência de patologias que possam consubstanciar ilícitos ou infrações que se enquadrem no conceito amplo de corrupção.

Nesta matéria, assume especial relevância a adoção em Portugal da norma NP ISO 370001: 2018, através do Instituto Português da Qualidade (IPQ), referente aos «sistemas de gestão anticorrupção: requisitos e orientações para a sua utilização». As NP, desenvolvidas pela *International Organisation for Standarization* (ISO), quando adotadas pelas empresas e organizações permitem a sua certificação pela instituição nacional competente[124].

[122] OCDE, 2003, «L'approche des entreprises dans la lutte contre les pratiques entachées de corruption».

[123] Mendes, 2018, p. 13.

[124] Em Portugal é o IPQ que tem por missão a coordenação do sistema português da qualidade e o desenvolvimento das atividades necessárias às funções de Organismo Nacional de Normalização.

A NP ISO 37001:2018, que decorre da norma internacional ISSO 370001:2016, *Anti-bribery management systems*, especifica requisitos e estabelece orientações para que as organizações criem, mantenham e atualizem um sistema de gestão anticorrupção. Trata-se de um manual rigoroso, extenso e expressamente orientado para que as organizações se estruturem e atuem no mercado de acordo com as boas práticas internacionais seguidas nesta matéria[125]. É, por isso, um instrumento de autorregulação relevante, que, cumprido com rigor e assumido pelas organizações, nomeadamente as empresas, pode comportar consequências práticas com alguma efetividade num sistema de prevenção da corrução.

Uma outra dimensão prende-se com a intervenção oportuna e rápida das entidades reguladoras dos vários sistemas económicos envolvidos, concretamente no domínio dos poderes de prevenção, investigação e de sanção que detêm no âmbito de patologias que envolvem os sectores específicos em que atuam. Recorde-se que, nos termos da lei n.º 67/2013, de 28 de Agosto, são reconhecidas como entidades reguladoras independentes o Instituto de Seguros de Portugal, a Comissão do Mercado de Valores Mobiliários (CMVM), a Autoridade da Concorrência, a (AC), a Entidade Reguladora dos Serviços Energéticos (ERSE), a Autoridade Nacional de Comunicações (ANACOM), a Autoridade Nacional da Aviação Civil (ANAC), o Instituto da Mobilidade e dos Transportes, I. P. (IMT), a Entidade Reguladora dos Serviços de Águas e Resíduos (ERSAR) e a Entidade Reguladora da Saúde (ERS). O Banco de Portugal e a Entidade Reguladora para a Comunicação Social são igualmente entidades reguladoras, embora sujeitas a leis próprias.

Estas entidades reguladoras, em regra fora do âmbito da administração pública *stricto sensu*, conformam um conjunto sistémico com as mais diversas competências, mas que, neste âmbito, não podem funcionar como ilhas. Nas áreas em que atuam, assumem competências delegadas pelo Estado, quer pelos interesses que regulam, quer pelos valores que mobilizam.

Também aqui é fundamental a atuação precoce das entidades, atualmente dotadas de mecanismos legais capazes de concretizarem as medidas necessárias, quer nas políticas de prevenção, quer na repressão, em fase anterior à matéria penal em todas as matérias que envolvam a corrupção, no sentido que vem sendo defendido.

[125] Veja-se sobre a NP, Azevedo, 2020.

Por outro lado, na sua articulação com o Ministério Público ao nível preventivo e mesmo sancionatório, salvaguardando as respetivas competências, é essencial que ocorra uma maior efetividade, nomeadamente no domínio da prevenção daquelas patologias.

6. Os órgãos de controlo administrativo

A intervenção dos órgãos de controlo administrativo assume uma relevância estratégica assinalável nas políticas públicas de prevenção e repressão a fenómenos de corrupção por via das competências de fiscalização e, nos casos em que detêm competência sancionatória, porque estão próximos das situações concretas em que ocorrem os problemas.

É, essencialmente, a sua proximidade e o seu conhecimento preciso e pormenorizado dos sectores em que atuam que lhes atribui uma dimensão relevante.

Em alguns sectores, como por exemplo no domínio fiscal, são, em regra, os únicos órgãos de controlo com capacidade técnica de analisar e perceber os fenómenos que envolvem, por exemplo, a dimensão de evasão fiscal subjacente a determinadas práticas financeiras agressivas.

Importa, por isso, e desde logo, atentar na capacidade destes órgãos desempenharem as suas funções com autonomia e independência, de modo a que, no âmbito das competências e das funções que exercem, sejam respeitados os princípios da legalidade e da igualdade, de forma a que as ações de fiscalização sejam efetuadas sem pôr em causa esses princípios.

Por outro lado, é importante que a nível interno se criem mecanismos de auditoria e *compliance* nas instituições, de modo a evitar comportamento ilícitos, máxime de natureza corruptiva, tendo em conta fatores de risco previamente determinados. A responsabilidade pública que assumem quando exercem funções de fiscalização, auditoria e mesmo de investigação criminal impõe a quem neles exerce funções a exigência de cumprimento de deveres especiais de isenção, imparcialidade e rigor. A valorização dos seus quadros profissionais, através de dimensões estatutárias blindadas, quer de um ponto de vista dos direitos, quer ainda dos deveres, é essencial à fortificação do seu papel de instituição que faz parte de um sistema de controlo.

De igual modo, o conhecimento técnico específico que os vários órgãos têm em relação às instituições que inspecionam ou fiscalizam pode ser muito útil a outros órgãos de controlo externo, tanto de natureza judicial como financeira. Por isso, será importante que os mecanismos de coordenação entre essas entidades e os órgãos de controlo externo, nomeadamente o Ministério Público ou o Tribunal de Contas, funcionem com eficácia.

Recorde-se que no domínio do controlo interno da administração financeira do Estado existe um «sistema de controlo interno», designado por SCI, colocado na dependência do Governo em especial articulação com o Ministério das Finanças[126], o qual comporta essencialmente as inspeções gerais, como se referiu supra.

A constatação da frágil atuação interventiva deste órgão é provavelmente proporcional à importância que deve ter. Dos relatórios publicados pelo Conselho Coordenador do Sistema de Controlo Interno, para além do detalhe das ações levadas a cabo pelas várias inspeções e órgãos que o integram, não há qualquer referência a uma política institucional organizada entre os mesmos.

A exigência de uma efetiva ligação entre os vários órgãos com atribuições de responsabilidades e a criação de sistemas de coordenação efetivos, onde vigore a política de partilha de informação, assume-se como mecanismo essencial. A fragilidade das leis não pode ser obstáculo ao desempenho dos dirigentes no sentido de cumprir os princípios que estão determinados, tendo em conta que os órgãos de controlo que integram o SCI «planeiam, realizam e avaliam as suas ações de forma articulada, tendo em vista assegurar o funcionamento coerente e racional de controlo interno, baseado na suficiência, na complementaridade e na relevância das referidas intervenções». Esta é, porventura, a maior debilidade do sistema, ao não concretizar a dimensão legal de coordenação efetiva entre os vários órgãos e instituições que o compõem.

A situação particular do controlo e fiscalização das contas dos partidos políticos e do seu financiamento, bem como das campanhas eleitorais, após a Lei Orgânica n.º 1/2018, de 19 de abril, inequivocamente sob a dimensão de um controlo administrativo ainda que sob uma estrutura *sui generis*, assume uma relevância essencial na «rede» de coordenada de prevenção das patologias da governação. Estas, quando são detetadas no exercício daquele controlo e para além das suas consequências sancionatórias, hoje mais concretamente definidas, exigem um tratamento mais célere e, sobretudo, uma abordagem em coordenação com as entidades

[126] Decreto-lei n.º 166/98, de 25 de junho.

judiciais, máxime o Ministério Público ou outras entidades que detêm, por exemplo, competência em áreas como o branqueamento de capitais. Está em causa, sobretudo, o controlo do financiamento privado dos partidos políticos e das campanhas eleitorais, permitido em determinadas e muito estritas circunstâncias, nos termos da Lei n.º 19/2003, de 20 de junho, e os problemas que isso comporta. A rapidez na circulação de informação que revele algumas patologias é essencial na deteção de situações mais graves, nomeadamente no domínio criminal. Também nesta área, torna-se, por isso, imperioso alterar procedimentos de forma a agilizar todo o processo atualmente estabelecido.

Por outro lado, a própria entidade de fiscalização tem um papel proactivo fundamental na exigência e manutenção de um sistema de prevenção de infrações, nomeadamente através da emissão de recomendações e, sobretudo, na realização de inspeções e auditorias de qualquer tipo ou natureza às contas dos partidos políticos e das campanhas eleitorais, como previsto na Lei.

7. Os órgãos de polícia criminal

Perante todas as patologias que vêm sendo assinaladas, é inequívoco o papel que os órgãos de polícia criminal (OPC) assumem numa abordagem sistémica, quer do ponto de vista da prevenção, quer da repressão.

As fragilidades evidenciadas no capítulo I a propósito da pouca efetividade da atuação das instituições não omitem a relevância da atuação essencial dos órgãos de polícia criminal com competências exclusivas em determinados tipos de crime que envolvem a corrupção, nomeadamente a Polícia Judiciária, os restantes órgãos de polícia mais generalistas e outros, com competência mais específicas nomeadamente no domínio da investigação criminal, como a Autoridade Tributária.

Saliente-se, pela negativa, alguns tópicos comuns a todos os órgãos, como a escassa intervenção no domínio da prevenção criminal que, nesta matéria, é efetuada. Ainda que existam outros órgãos com competência específicas sobre a prevenção, como o Conselho de Prevenção da Corrupção, as polícias assumem competências próprias no domínio da prevenção criminal que, nesta matéria, não têm tido qualquer visibilidade. É, ainda, de referir a importância inibitória de comportamentos ilícitos decorrentes das políticas preventivas que envolvem a corrupção, concretamente quando têm origem nas próprias estruturas dos órgãos de polícia criminal.

Por outro lado, são expressivas as investigações criminais longas, burocráticas, de duração incerta e por vezes imprevisível, com consequências na falta de efetividade das instituições e, sobretudo, com graves repercussões ao nível dos direitos fundamentais de quem é envolvido.

Sendo estas as duas vertentes mais negativas, importa sublinhar a exigência de maior efetividade na sua atuação individualizada.

A especificidade orgânica dos OPC, estruturas devidamente hierarquizadas, corporativas e também dotadas de capacidade técnica muito especifica, impõe a necessidade de adaptar a sua estrutura orgânica e, sobretudo, a sua gestão interna, às exigências de eficácia na intervenção processual na investigação deste tipo de crimes.

Será relevante enunciar seis linhas de desenvolvimento que podem ser aplicadas e aprofundadas: especialização, estabelecimento de prioridades, prevenção, métodos gestionários, investigação em equipa e informação[127].

No primeiro tópico, importa sublinhar a relevância do processo formativo específico, atualizado e permanente dos profissionais envolvidos na investigação, bem como o conhecimento e a formação profissional de quem coordena e executa a investigação. Sem esta formação específica, nada é possível, atualmente, no domínio da investigação criminal.

No que se refere ao estabelecimento de prioridades, trata-se de concretizar, no âmbito dos vários tipos de corrupção, modelos de investigação criminal suportados num quadro legal inequívoco, que levem em consideração o conhecimento fundamentado da realidade criminológica e a política criminal desenvolvida pelo Estado.

No que respeita à prevenção, sublinha-se, para além da referência inibitória, a importância de uma atuação proactiva e não reativa no que respeita à deteção e investigação deste tipo de criminalidade. Existem mecanismos legais, ainda que de natureza administrativa como as «Averiguações Preventivas» estabelecidas na Lei n.º 36/94 de 29 de setembro, que permitem a recolha de informação relativa a factos suscetíveis de fundar a suspeita de perigo de crime ou a prática de crime desta natureza, nomeadamente à Policia Judiciária e ao Ministério Público. Trata-se, no entanto, de um modelo que pode ser revisto à luz de mecanimos preventivos mais eficazes, nomeadamente os que vigoram hoje em áreas como o branqueamento de capitais.

[127] Desenvolvidamente, Lopes, 2017 (b) pp. 76 a 83.

Quanto aos métodos gestionários, trata-se essencialmente de reverter para a investigação os princípios de eficácia, estratégia e planeamento. Coordenar é, essencialmente, planear. Planear é saber como, quando e em que condições será realizada uma investigação. Por outro lado, há que assumir a necessidade de tomar determinadas opções que passem pela simplificação e redução da complexidade.

Quanto à investigação em equipa, está em causa, essencialmente, a necessidade de institucionalização de equipas especializadas de magistrados, polícias e outros profissionais com experiência e formação no tratamento das matérias relacionadas com a investigação, sob a coordenação de um magistrado, que permita agregar conhecimentos e funções diversificadas tendo em vista chegar a um resultado efetivo e eficaz.

Finalmente, quanto à informação, sublinha-se a exigência e indispensabilidade do conhecimento permanente do máximo de informação financeira, onde assume especial relevo a competência e a atuação tempestiva das Unidades de Informação Financeira. Recorde-se que estas entidades são departamentos específicos com competência para recolher, tratar e difundir informação respeitante à investigação dos crimes de branqueamento de capitais e terrorismo, fazendo parte da orgânica policial, judiciária, ou administrativa, consoante os países e os respetivos modelos de investigação. Têm acesso, direto ou indireto e em tempo útil, às informações financeiras, administrativas e provenientes das autoridades de aplicação da Lei, e asseguram, no plano interno, a cooperação e articulação com as autoridades judiciárias, com as autoridades de supervisão e com os operadores económico-financeiros.

Na atual situação nacional, a existência de departamentos especializados na Policia Judiciária vocacionados para este tipo de crime, bem com a existência fundamental de uma Unidade de Informação Financeira, não omite a necessidade de um enfoque de efetividade nos restantes tópicos, máxime da utilização de métodos de gestão da investigação adequados, na intervenção coordenada e em equipa e na partilha de informação entre os vários serviços.

8. O Ministério Público

O papel constitucional do Ministério Público (MP) como defensor da legalidade, participante na execução da política criminal e, sobretudo, como titular da penal, atribui-lhe uma função estruturante em todo o domínio de atuação.

A titularidade, exclusiva, da ação penal, com o consequente domínio do controlo da investigação criminal e a defesa da legalidade, atribui--lhe, por isso, uma intervenção essencial em vários domínios no sistema contra a corrupção.

Sobre esta matéria, a organização e elaboração de um «programa de ação», criado e desenvolvido em 2017 pela Procuradoria Geral da República, constituiu uma alteração de um paradigma organizacional até então vigente. Conformou-se o Ministério Público com uma estratégia que tem na base exatamente a função de garante da legalidade, em toda a dimensão das suas competências legalmente estabelecidas.

O documento está estruturado em quatro grandes eixos (organização, prevenção, repressão e formação) e prevê medidas e ações de execução concretas que envolvem o Ministério Público em diferentes áreas de jurisdição, bem como as entidades externas com competências no domínio da corrupção[128]. Esta visão holística, ainda que centrada no próprio MP, faz todo o sentido em termos de «política interna da organização».

Assim, no eixo organização estabelecem-se quatro medidas por cada uma das áreas: (i) Restruturar a organização interna e as formas de intervenção; (ii) Instituir mecanismos de troca de experiências, conhecimentos, dificuldades e avaliação de resultados; (iii) Assegurar a recolha, tratamento e divulgação de informação estatística; (iv) Definir estratégia de comunicação interna, com a sociedade e a comunicação social.

No eixo da prevenção, definem-se as seguintes medidas: (i) Desenvolver iniciativas que permitam identificar e monitorizar as áreas e atividades geradoras de maior risco de corrupção; (ii) Identificar e sistematizar "indicadores de corrupção"; (iii) Definir metodologias de atuação nas Averiguações Preventivas; (iv) Identificar eventuais insuficiências ou obscuridades da lei.

Quanto ao eixo referente à repressão estabelecem-se as seguintes medidas: (i) Redirecionar os meios e definir estratégias e metodologias de atuação; (ii) Redefinir métodos de articulação entre a fase de investigação e as fases posteriores de julgamento; (iii) Adotar boas práticas,

[128] O documento está disponível em http://www.ministeriopublico.pt/pagina/documentos-estrategicos.

uniformizar e reforçar a atividade investigatória; (iv) Uniformizar e reforçar a unidade de atuação; (v) Reforçar a assessoria especializada.

Finalmente, é dado um ênfase especial ao domínio da formação específica e capacitação dos magistrados.

A estruturação do documento é, dir-se-ia, quase perfeita. No entanto, decorridos quase cinco anos da sua aprovação e publicação, não há qualquer avaliação ou seguimento relativo à evolução da estratégia e muito menos dos eventuais resultados alcançados. Também não são publicamente visíveis os resultados concretos da adoção da estratégia.

É preciso saber o que está a ser feito na concretização do Plano e não apenas quais as razões de tal situação. Para isso, no modelo constitucional de *checks and balances* vigente, salvaguardando a autonomia do MP *qua tale*, é muito relevante que sejam prestadas contas sobre a execução de tal Plano Estratégico perante os órgãos constitucionais próprios, máxime o Parlamento.

Numa outra dimensão, o funcionamento do sistema de investigação criminal nestas áreas, dada a enorme complexidade que comporta, deve ser encarado de forma específica, de modo a superar as suas disfunções através de outros mecanismos que não apenas as debilidades da lei, nomeadamente a lei substantiva.

Como se referiu, a investigação criminal não pode omitir o princípio essencial da realização da justiça num prazo de duração razoável. Os interesses públicos, nomeadamente a descoberta da verdade, a imputação pessoal de responsabilidades criminais, o seu julgamento, assim como os direitos individuais de quem é objeto de investigação, exigem o cumprimento de múltiplas garantias, nomeadamente a defesa dos direitos fundamentais e o respeito pela *rule of law*.

Para sustentar estas finalidades, as novas correntes do pensamento gestionário aplicável à área da justiça no que respeita à investigação criminal desenvolveram mecanismos específicos de *case manegement* adaptados às especificidades do próprio processo penal. Trata-se de utilizar recursos e metodologias de modo a gerir bem o processo na investigação criminal, sem pôr em causa as regras precisas de garantia processual que conformam as exigências do processo penal. É possível criar respostas rápidas, eficazes e economicamente mais sustentadas no domínio das técnicas e dos métodos de investigar crimes no âmbito da criminalidade complexa que, no caso da corrupção, está normalmente em causa.

Na gestão da investigação criminal, assume especial relevância nesta matéria a assertividade da gestão do inquérito através da identificação do seu objeto, restringido à sua efetiva capacidade de prova, que é pouco compatível com «mega processos» cuja dificuldade de gestão é evidente. Uma investigação só é eficaz se se circunscrever ao objeto do processo que, não obstante algumas circunstâncias que possam ocorrer, não pode ser constantemente alargado ao sabor de informações esparsas que vão surgindo na investigação e que, sem uma triagem imediata, tornam o inquérito ingovernável.

De igual modo, a opção por investigações «cirúrgicas» e dotadas de maior celeridade, utilizando-se o mecanismo da «separação de processos» como instrumento útil de gestão, não parece colidir com o princípio da legalidade que deve orientar toda a atuação do Ministério Público, desde que asseguradas todas as garantias de defesa inerentes.

Numa terceira dimensão, pode enfatizar-se a possibilidade de serem utilizados mecanismos de oportunidade no âmbito da investigação criminal que, rapidamente, permita encerrar as fases de investigação sem necessidade de se avançar para a fase judicial, quando os investigados/arguidos assumam a sua responsabilidade.

Trata-se não apenas de criar soluções processuais de «oportunidade», legalmente enquadradas, como sobretudo usar mecanismos de direito premial mais robustos e jurisdicionalmente controlados, de modo a permitir que se cumpra o desiderato, também ele constitucional, de uma efetivação da justiça no tempo razoável.

Finalmente, e no que diz respeito aos deveres éticos que enfaticamente assumem cada vez mais relevância prática na legitimação do exercício funcional dos magistrados do Ministério Público, aplica-se a estes o que vai referindo no ponto seguinte em relação aos juízes. Sublinha-se a necessidade de tornar efetiva uma densificação do regime restritivo de direitos individuais através de um controlo efetivo efetuado pelos órgãos de gestão, partindo de uma rigorosa monitorização dos direitos e deveres estabelecidos no Estatuto dos Magistrados do Ministério Público. Nesse domínio, o princípio da intervenção assertiva do Conselho Superior do Ministério Público como órgão de gestão desta magistratura, e sempre de acordo com o principio da legalidade e da transparência, assume um papel muito relevante.

9. Os Tribunais

É absolutamente claro que qualquer sistema integrado que pretenda assumir um compromisso efetivo com políticas anticorrupção exige que se assegure a existência de tribunais independentes. Trata-se de um princípio sem o qual, ainda que assegurados outros pilares, não é possível prevenir, investigar e julgar quem se apropria ou desvia valores e dinheiros públicos.

Uma atuação judicial independente que seja eficaz e rápida, garantindo um processo justo e assegurando os mecanismos de defesa, é essencial como princípio regra a seguir, devendo comportar alguns conteúdos que, para isso, devem ser diretamente orientados.

No caso português, não são visíveis, nesta dimensão, colisões com estes princípios que se assumem como eventual obstáculo ao exercício efetivo da judicatura. A dimensão da independência dos tribunais está assegurada e garantida, ao contrário do que acontece noutros países[129]. Existem, no entanto, condicionamentos que não podem ser omitidos e, sobretudo, a necessidade de, do ponto de vista de quem exerce o controlo dos direitos fundamentais e de quem julga, assumir uma dimensão clara e inequívoca dessa independência face a todos os intervenientes processuais, assim como uma dimensão de aceleração de procedimentos e novos mecanismos de gestão processual.

No que respeita ao primeiro ponto, será relevante a concretização de controlos relativos ao estatuto profissional dos juízes, nomeadamente em termos de uma dimensão ética efetiva que passe, quer pela adoção generalizada de Códigos de Conduta[130], quer, sobretudo, pela sua fiscalização por parte das instâncias de controlo dos próprios Tribunais. Sem pôr em causa a independência de quem julga, os Conselhos Superiores, como órgãos de gestão, devem assumir o controlo dos deveres que se prendem com a atividade concreta de quem exerce a jurisdição, máxime por via dos interesses conflituantes que possam ocorrer no domínio da atividade jurisdicional.

[129] O caso da Hungria, da Polónia, na UE, ou da Turquia, do espaço da «Grande Europa», são, ao contrário, situações onde a colisão com a independência judiciária é uma constante, sinalizadas já através de decisões judiciais, supra nacionais.

[130] Já hoje previstos na lei e nos estatutos das magistraturas.

A dimensão ética de quem exerce funções jurisdicionais deve estar acima de qualquer suspeita. Ainda que o Estatuto dos Magistrados, aplicável a todas as categorias de juízes e conforme um quadro legal restritivo de direitos, exista para assegurar legalmente a independência e imparcialidade de quem julga, a efetivação de alguns desses deveres deve ser fiscalizada pelos órgãos de gestão.

As novas obrigações declarativas dos rendimentos que, pela Lei n.º 52/2019, de 31 de julho, se aplicam aos juízes, devem ser objeto de análise e fiscalização por parte dos órgãos de gestão, esclarecendo situações concretas que possam gerar dúvidas sobre o grau de cumprimento exigido.

A referida lei regula o regime do exercício de funções por titulares de cargos políticos e altos cargos públicos, as suas obrigações declarativas e respetivo regime sancionatório, definindo em três artigos o seu âmbito subjetivo (artigos 2.º e 3.º).

O artigo 4.º sujeita às obrigações declarativas os (i) juízes do Tribunal Constitucional, (ii) do Tribunal de Contas, (iii) o Procurador-Geral da República, (iv) o Provedor de Justiça e (v) os membros do Conselho Superior da Magistratura, do Conselho Superior dos Tribunais Administrativos e Fiscais e do Conselho Superior do Ministério Público.

Em norma inovadora (o artigo 5.º n.º 1), estabelece-se igualmente que «de acordo com os respetivos estatutos os magistrados judiciais e os magistrados do Ministério Público ficam também sujeitos às obrigações declarativas previstas na presente lei», ou seja, trata-se de uma norma que remete, sem qualquer dúvida, o dever de declaração para as normas estatutárias.

As obrigações declarativas estão previstas no artigo 13.º, incluindo a declaração única de rendimentos, património, interesses, incompatibilidades e impedimentos.

O referido artigo estabelece, no entanto, uma diferenciação entre declaração de rendimentos e património e registo de interesses e impedimentos, com repercussões no âmbito subjetivo (cf. n.º 4 do artigo 13, que exclui as entidades «*equiparadas a titulares de cargos políticos e equiparados a altos cargos públicos*» do preenchimento do campo relativo ao registo de interesses).

Por sua vez, o Estatuto dos Magistrados Judiciais (EMJ) estabelece normas especiais quanto a impedimentos e conflitos de interesses dos juízes, na sequência, aliás, do que sempre foi entendido como absolutamente pacifico por via das exigências constitucionais da tutela da independência e imparcialidade dos juízes.

Nesse sentido, o artigo 8.º-A do EMJ estabelece um regime especial de impedimentos ao exercício de funções quanto ao seu âmbito («*não podem desempenhar qualquer outra função pública ou privada de natureza profissional*»).

Igualmente, o novo artigo 7.º – E do EMJ, aprovado pela Lei n.º 67/2019, de 27 de agosto, estabelece que «*os magistrados judiciais apresentam declarações de rendimento e património nos termos da lei*».

Trata-se de uma norma introduzida na última fase do processo legislativo que envolveu a alteração ao EMJ e que resultou da discussão da Lei n.º 52/2019, de 31 de julho, conhecida como «pacote legislativo» relativo à transparência dos titulares de cargos políticos e altos cargos públicos.

É assim claro que o dever de apresentação a que se refere o artigo 7.º- E do EMJ só prevê a obrigação de apresentação de declarações de rendimento e património, não se aplicando à parte da declaração referente a interesses ou impedimentos, inerentes ao regime especial que consta no EMJ e que assegura, de forma inequívoca, todos os interesses em causa.

Quanto ao âmbito subjetivo, é também claro que a referida declaração tem que ser efetuada por todos os juízes sujeitos ao EMJ nomeadamente os juízes jubilados, conhecida a equiparação estatutária entre estes juízes e juízes no ativo.

As consequências deste novo dever têm um reflexo imediato e relevantíssimo na organização e estrutura do CSM e também do Conselho Superior dos Tribunais Administrativos e Fiscais (CSTAF).

A especificidade das funções dos juízes, na sequência dos princípios constitucionais da separação de poderes e da independência dos tribunais, levou o legislador a estabelecer de forma clara na Lei n.º 52/2019, de 31 de julhoque, para os magistrados judiciais e do Ministério Público, «*as declarações devem ser entregues, respetivamente, junto do Conselho Superior da Magistratura, do Conselho Superior dos Tribunais Administrativos e Fiscais e do Conselho Superior do Ministério Público, que são competentes para a sua análise, fiscalização e aplicação do respetivo regime sancionatório, nos termos dos respetivos estatutos*» (artigo 5.º n.º 2).

São o CSM, no que respeita aos juízes da magistratura judicial, e o CSTAF, no que respeita aos juízes da jurisdição administrativa e fiscal, que detêm o poder de analisar, fiscalizar e aplicar o regime sancionatório estabelecido, de acordo e sob o quadro normativo geral do Estatuto dos Magistrados Judiciais.

Na sequência dessa norma, no que respeita ao novo dever de apresentação de declaração para os magistrados, a Lei n.º 67/2019, de 27 de agosto, estabelece como competência do Conselho Superior da Magistratura, no artigo 149.º, alínea x), que compete a este órgão «*Assegurar o cumprimento das regras legais relativas á emissão e ao controlo das declarações de rendimentos e património dos magistrados judiciais e aprovar, em conformidade com a lei os instrumentos necessários de aplicação*».

Impõe-se, por isso, que nos instrumentos regulamentares a serem aprovados pelos Conselhos sejam estabelecidos os limites que decorrem do dever agora instituído, e, por via disso, seja efetivamente concretizado o controlo de rendimentos e património de acordo com as finalidades da lei.

Numa outra dimensão, agora de um ponto de vista da intervenção processual, importa sublinhar e adaptar o que se referiu sobre a matéria da gestão processual na fase de inquérito à gestão judicial, nomeadamente nas fases processuais de instrução e julgamento.

Pode gerir-se uma fase de instrução, um debate instrutório ou uma audiência sem perda de garantias dos sujeitos envolvidos, de forma a que se chegue, no mais curto espaço de tempo («tempo razoável»), ao seu termo, podendo gerir-se os sistemas de recurso vinculados ao mesmo princípio.

Enfatiza-se, por isso, que a necessidade de formação permanente e atualizada sobre domínios gestionários, nomeadamente nos processos complexos, deve fazer parte do programa formativo dos juízes.

Num outro ponto de vista, existe, nesta matéria, uma corrente doutrinária sustentada na potenciação daquele princípio fundamental, através da criação de tribunais especiais para julgamento dos crimes de corrupção ou criminalidade organizada complexa.

Deve começar por sublinhar-se a diferença entre a especialização profissional de juízes e a especialização de tribunais.

No primeiro caso estamos no âmbito do *enforcement* da formação profissional de magistrados sobre matérias substantivas e adjetivas que lhes são imprescindíveis ao exercício das suas funções. Esta matéria impõe aos magistrados uma disponibilidade permanente para a formação profissional específica, ao nível dos mais recentes conhecimentos e técnicas.

No que respeita à criação de tribunais especiais, está em causa a eventual criação de tribunais de competência especializada para julgar tipos de criminalidade grave e complexa, como é o caso da corrupção.

Não sendo matéria «virgem» a nível comparado, como o demonstram a criação de Tribunais com esta competência especializada em países como a Eslováquia, Quénia, Filipinas, Uganda e Indonésia, a razão de ser da sua criação tem sido sustentada na maior eficiência que os julgamentos destes casos pode comportar e a sinalização que os Estados dão no sentido de levarem a sério a luta contra corrupção. Outros entendem como vantagem a especialização dos juízes na apreciação de alguns regimes de prova adotados neste tipo de criminalidade.

Não é claro, ainda, quer das experiências, quer dos resultados obtidos, se efetivamente essa será uma solução generalizadamente positiva[131]. Nos casos citados, a efetividade das soluções encontradas, sendo diferenciadas, decorreu mais do facto de em alguns daqueles países os problemas de corrupção se encontrarem mais no judiciário (e daí a necessidade de terem tribunais especializados), do que na especialização dos juízes e tribunais e nas consequências que isso comportou. Será, por isso, necessário ponderar muito bem, em função da situação concreta de cada País, se valerá a pena ou não criar tais tribunais especializados.

Ainda do ponto de vista jurisdicional, é relevante atentar na dimensão do ponto de vista do controlo da legalidade administrativa.

A ampliação e, nalguns casos, a mudança de paradigma do direito administrativo decorrente de uma visão formalista do que foi o controlo administrativo, trouxe mudanças significativas neste domínio.

Em Portugal, seguindo outras experiências europeias, essa mudança impôs duas perspetivas significativas. Por um lado, o alargamento da legitimidade ativa do controlo administrativo do cidadão através da ação coletiva quando estão em causa interesses difusos. Questões como a tutela ambiental, o direito à saúde, o direito à segurança pública, entre outros passaram a permitir a validação judicial por iniciativa dos cidadãos. Numa segunda dimensão, o próprio âmbito da intervenção jurisdicional referente ao controlo da legalidade dos atos da administração foi ampliado, nomeadamente no que tange à amplificação da tutela

131 Assim, STEPHENSON, SCHÜTTE, 2016.

cautelar, subjacente à atividade e concretização de determinados atos administrativos[132].

Esta ampliação comporta riscos. Por um lado, a delimitação do âmbito das fronteiras com consequências diretas nas restrições das políticas públicas, nomeadamente o grau de autonomia do poder legislativo na concretização dessas políticas. Por outro lado, por aquilo que alguns autores configuram como o «uso excessivo e abusivo dos meios cautelares»[133] e uma consequente possibilidade de «paragem» da atuação e intervenção pública. São, no entanto, riscos "calculados" que, ainda que exijam ponderação, não omitem a importância da efetividade na afirmação dos direitos dos cidadãos que estão na base da sua criação e que conformam uma enorme vantagem no sistema cruzado de *checks and balances* das instituições. Neste medida, a intervenção da jurisdição administrativa é essencial como jurisdição de controlo da legalidade, atuando na primeira linha através, nomeadamente, dos pedidos de intervenção cautelares.

Essencial nesta matéria é igualmente o papel da jurisdição administrativa na interpretação do quadro normativo que envolve a administração, concretamente toda a matéria relacionada com normas e princípios estabelecidos em matérias de conflito de interesses ou assuntos relacionados com outros princípios fundamentais, como a legalidade, imparcialidade e transparência com reflexos na confiança no sistema da administração pública. Alguma incerteza ou ambiguidade do quadro normativo impõe um papel muito relevante à jurisprudência administrativa na concretização do quadro legal estabelecido, nomeadamente à luz dos daqueles princípios fundamentais que vinculam a administração[134].

10. Os Tribunais de Contas

10.1. A proteção dos interesses financeiros públicos

É hoje reconhecido como essencial em qualquer análise sistémica das políticas públicas de controlo da corrupção o papel dos Tribunais de

[132] Sobre este ponto, cf. Martins, 2017, p. 3 e Caldeira, 2017, p. 72.

[133] Assim, Duarte, 2015, p. 78.

[134] Cf. neste sentido o Ac. do Supremo Tribunal Administrativo, de 12.12.2019, em matéria de impedimentos dos eleitos locais.

Contas no âmbito do controlo do dinheiro público, bem como na efetivação de responsabilidades decorrentes de patologias que envolvem a sua gestão.

Os montantes que conformam a despesa e as finanças públicas atingem valores consideráveis com enorme repercussão na vida de todos os cidadãos.

Adicionalmente, são vários os instrumentos e as entidades públicas e privadas que utilizam e gerem dinheiros públicos, quer por via dos orçamentos nacionais, quer do orçamento europeu, como governos, administração pública, administração regional e local, empresas e institutos públicos, entidades do sector social e cooperativo, entidades privadas. Todas estas entidades são destinatários diretos de fundos públicos que importa fiscalizar.

A consciencialização social da dimensão pública dos recursos financeiros disponíveis, reduzida e limitada porque incide essencialmente nos rendimentos dos cidadãos e das empresas, ainda que por via de impostos indiretos, comporta uma nova exigência que recai no modo como a sua aplicação é concretizada. A sua gestão transparente assume atualmente um conteúdo efetivo. Não se trata apenas do controlo de legalidade, mas, sobretudo, da economia, eficiência e eficácia das opções políticas com repercussão económica. Ultrapassa-se o mero controlo formal de legalidade estrita, questionando a sustentabilidade económica. As gerações futuras não podem ficar hipotecadas a escolhas e opções não sustentadas ou assentes em justificações de interesses de curto prazo. Por isso, princípios como a equidade inter-geracional ou a sustentabilidade económica das opções políticas são hoje chamados a configurar critérios de legalidade financeira.

A efetivação destes princípios estruturais, relacionados com a utilização prudente e racional dos dinheiros públicos, comporta um sistema institucional de monitorização, fiscalização, acompanhamento e auditoria, mas também de deteção e apuramento de responsabilidades que podem ocorrer.

O que está em causa é a proteção jurídica dos recursos financeiros das várias comunidades, nacionais e regionais, tendo em conta o seu impacto na vida dos cidadãos e nas políticas públicas que são efetivadas.

Recursos financeiros que, como se referiu, têm origem em «fontes» nacionais e transnacionais, estão sujeitos a regras estabelecidas nas várias ordens jurídicas e, nomeadamente, no quadro europeu, comportando, por isso, uma dimensão transnacional inequívoca.

No âmbito da jurisdição financeira «strito sensu», nomeadamente no Tribunal de Contas, ocorre a aplicação direta de princípios jurídicos estruturais, relacionados com a utilização prudente e racional dos dinheiros públicos, com especial relevo em período de restrições financeiras e também em momentos de «melhores contas».

Neste sentido, é evidente que a função de auditoria como «processo sistemático e objetivo de obtenção e exames de evidências com vista a determinar se a informação ou condições existentes estão, em todos os aspetos materialmente relevantes, conformes aos critérios estabelecidos»[135] é um instrumento fundamental para a deteção de irregularidades que possam levar à identificação de patologias na gestão de dinheiros públicos, à reposição de valores ou mesmo a julgamentos por irregularidades financeiras. Sublinha-se a relevância que a auditoria pode desempenhar no «destapamento» de irregularidades que envolvem o mau uso do dinheiro público, quer no domínio da fraude e da corrupção, quer em situações menos invasivas, mas nem por isso menos delapidadoras de recursos públicos. Alguns estudos evidenciam sectores onde há maior intervenção de fundos públicos, nomeadamente em áreas que envolvem as *utilities*, os recurso naturais ou os transportes, e que evidenciam índices mais elevados de fraude e corrupção[136].

O papel das auditorias é igualmente relevante na tarefa específica de auditar políticas e métodos desenvolvidos e postos em prática pelas autoridades no âmbito da luta contra a corrupção, nomeadamente no domínio da prevenção. Concretamente, é possível analisar e auditar a eficácia dos modelos e das estruturas utilizadas pelos órgãos e instituições que desenvolvem políticas anticorrupção estabelecidas nos Estados, os modelos de risco utilizados e mesmo os sistemas de fiscalização adotados pelas instituições, de modo a avaliar a sua eficácia em função dos objetivos pretendidos.[137]

Sublinha-se, ainda, a relevância das auditorias para a sensibilização dos cidadãos e das instituições sobre as patologias evidenciadas nos

[135] Silva, 2019, p. 114.

[136] Assim OCDE, 2018.

[137] Neste sentido Guid 5270 (antiga ISSAI 5700), da INTOSAI.

trabalhos efetuados, tendo em conta a publicação e divulgação pública, em tempo oportuno, dos resultados obtidos, nomeadamente das recomendações efetuadas.

É neste enquadramento que o controlo efetuado pelos tribunais de contas se assume como essencial na boa gestão dos dinheiros públicos. Recorde-se que os tribunais de contas nacionais são instituições de controlo externo no sistema europeu de controlo de fundos públicos[138].

Em Portugal, é uma das competências do Tribunal de Contas «fiscalizar, no âmbito nacional, a cobrança dos recursos próprios e a aplicação dos recursos financeiros oriundos da União Europeia, de acordo com o direito aplicável, podendo, neste domínio, atuar em cooperação com os órgãos comunitários competentes» – artigo 5º n.º 1 alínea f) da Lei n.º 98/97, de 26 de Agosto.

Do ponto de vista das finanças públicas europeias, e concretamente no âmbito da execução do orçamento da União, é evidenciado de forma clara pelas instituições de controlo, a deficiente aplicação de verbas e a reduzida efetividade nos mecanismos sancionatórios e responsabilizadores. Um dos últimos relatórios do Tribunal de Contas Europeu[139] é impressivo ao evidenciar as fragilidades europeias na capacidade de recuperação de dinheiros públicos disponibilizados em colisão com as regras europeias no âmbito dos Fundos Estruturais, sobretudo por via da insuficiência dos inquéritos administrativos do Organismo de Luta Anti-fraude (OLAF), quer para despoletar processos penais, quer para permitir a recuperação de montantes despendidos indevidamente (síntese VII).

O controlo da atividade financeira do Estado, em sentido amplo, envolvendo toda a aplicação de fundos públicos, ainda que geridos por entidades não necessariamente públicas, impõe uma dimensão de controlo e auditoria que é essencial para identificar situações que não correspondem, de todo, às finalidades ou práticas inerentes à aplicação e gestão dos dinheiros públicos. Igualmente, permite a correção de práticas menos apropriadas e, por via disso, efetuar recomendações às entidades gestoras, de acordo com as boas práticas internacionais.

[138] Cf. Martins, 2015, p. 26.

[139] TCE, 2019 (a).

No âmbito da responsabilização de entidades e pessoas singulares, defende-se uma dimensão normativa específica, eficaz e efetiva que permita responder aos desvios de legalidade e infrações diversas, não necessariamente criminais, que isso comporta.

É sabido que no espaço jurídico e judiciário europeu, tanto na «Grande Europa» como na União Europeia, a atribuição de competências para tipificar os desvios financeiros que envolvem fundos públicos, bem como assegurar a responsabilidade das mesmas, diverge entre sistemas jurídico-constitucionais diferenciados (*common law e civil law*) e, dentre estes, de país para país[140]. Do ponto de vista substantivo, encontram-se normas sancionatórias penais estritas, normas sancionatórias penais em acumulação com normas administrativas, normas contraordenacionais ou normas específicas de natureza financeira, ainda que assentes em matriz administrativa.

Por sua vez, as competências organizacionais estabelecidas para identificar e efetivar as responsabilidades financeiras decorrentes do deficiente uso de dinheiro público estão repartidas por entidades e jurisdições diferentes nos vários países europeus, quer no âmbito da UE, quer no âmbito mais vasto dos países integrados no espaço da Convenção Europeia dos Direitos Humanos (CEDH) e sob jurisdição do Tribunal Europeu dos Direitos Humanos (TEDH).

Assim, podem encontrar-se modelos não jurisdicionais identificados nos vários sistemas de «auditorias» gerais, que, no entanto, estão limitados à identificação de patologias através das auditorias realizadas, remetendo a concretização das investigações, sancionamento e responsabilização para outras ordens jurídicas internas, tanto penais como administrativas. São exemplos deste figurino, entre outros, países tão diferentes como a Alemanha, o Reino Unido, a Holanda ou a Dinamarca.

Encontram-se ainda modelos jurisdicionais sustentados em Tribunais de Contas que se encontram organizados e estruturados de forma distinta, tendo, em regra, competências cumulativas de auditoria e efetivação de responsabilidades financeiras, não prejudicando, no entanto, a intervenção de outras entidades internas para sancionar matérias criminais que possam ser identificadas.

[140] Lopes, 2019, p. 1232; Saïd, 2008, p. 45.

Neste modelo jurisdicional, assumem especial relevância no quadro europeu França, Itália, Espanha e Portugal[141]. Ainda que com quadros jurídicos diferentes, é aos Tribunais de Contas que compete, em determinados domínios, efetivar responsabilidades financeiras decorrentes da não conformidade da utilização de dinheiro públicos e, sobretudo, proteger os recursos financeiros da comunidade, sempre com a salvaguarda das competências criminais (e de outras responsabilidades administrativas) que as matérias possam comportar e que, nesse caso, estão atribuídas ao Ministério Público e, em regra, aos tribunais comuns ou aos Tribunais administrativos.

Este modelo tem sido evidenciado no âmbito das organizações internacionais que enquadram as instituições superiores de controlo[142] como muito adequado para responder rapidamente e com maior eficácia à recuperação de bens públicos desviados decorrentes de situações de gestão fraudulenta ou de ineficácia das finanças públicas[143].

10.2. A responsabilidade financeira ou o «outro lado» da boa gestão financeira pública

A ação do Tribunal de Contas, tanto na fiscalização prévia, nas auditorias ou no controlo da legalidade e apreciação da boa gestão financeira, incluindo a deteção de problemas que a envolvem, comporta, como se referiu, a enunciação de recomendações no sentido de se alterarem comportamentos indevidos de gestão financeira. É, igualmente, sua função a deteção de infrações, também de natureza financeira, cuja consequência comporta, em muitos casos, responsabilidade financeira dos responsáveis.

Quer a fiscalização da legalidade das despesas públicas, quer a efetivação da responsabilidade financeira, são, em Portugal, um imperativo constitucional. Estas duas vertentes não são uma opção conjuntural e, por isso, o princípio do controlo da despesa e a fiscalização da legalidade das contas públicas atinge todas as entidades que gerem fundos públicos provenientes do orçamento nacional ou da União Europeia.

[141] Uma comparação, sintética, entre os sistemas francês, português e italiano, é efetuada por Chenillat, 2017, p. 23 e ss e Lopes, 2019, p. 1232 e ss.

[142] Como é o caso da INTOSAI e EUROSAI.

[143] Cf. Lozano Alvarez/Cubillo Rodriguez. p. 98

Efetivar as diversas responsabilidades civis, criminais ou administrativas tem sido o caminho para tentar resolver muitos dos problemas identificados, sendo que cada uma delas apresenta especificidades e dogmáticas próprias e por vezes contraditórias.

A responsabilidade financeira é uma outra dimensão que deve igualmente acompanhar esse caminho. Neste sentido, importa evidenciar o princípio da responsabilidade como «uma condição da confiança dos cidadãos nas suas instituições e, naturalmente, naqueles que as representam, decisores políticos e gestores»[144].

Em termos simples, o controlo e a responsabilidade pelo uso adequado dos dinheiros públicos não deve prescindir de uma dimensão normativa sancionadora específica que permita responder aos diversos desvios, não necessariamente criminais, que isso comporta, recuperando os montantes indevidamente utilizados ou mesmo desviados.

A responsabilidade financeira é uma responsabilidade delitual, de natureza re-integratória ou sancionatória, decorrente da má ou deficiente gestão e utilização de dinheiros públicos. Está em causa a gestão e a utilização «patológica» de dinheiros públicos sobre aqueles que, pelas suas funções, devem e têm obrigação legal de os utilizar e gerir devidamente. É, por isso, uma responsabilidade individual.

É esta dimensão que decorre da gestão e utilização de dinheiro público que consubstancia a *ratio* específica relativa à existência de um conjunto normativo próprio.

A ilicitude financeira subjacente às infrações estabelecidas na lei, quer de natureza sancionatória, quer de natureza re-integratória, tem na sua base a inobservância ou a violação de uma obrigação genérica de serviço com repercussões financeiras e, nessa medida, é evidente a dimensão da sua natureza administrativa.

Tem sido discutida na doutrina a natureza jurídica da responsabilidade financeira, sublinha-se que esta é uma questão essencial para determinar efetivamente qual o âmbito de aplicação da mesma, sobretudo quando o ato ilícito que a sustenta se cruza ou colide com atos ilícitos que podem originar outro tipo de responsabilidades, seja de natureza disciplinar, civil ou mesmo penal[145].

[144] Bouvier , 2017, p.18.

[145] Lopes, 2015 p. 59 e 2019, p. 1233. Sobre problemas relativos à concorrência de normas sancionatórias financeiras e normas penais, Caeiro, 2019, p. 342.

Vale a pena enfatizar que a natureza da responsabilidade financeira, sancionatória ou re-integratória, não assume uma dimensão penal. Isto não quer dizer que a responsabilidade financeira não tenha que ter subjacente uma dimensão de garantia sustentada em regras pré-definidas, quer quanto à tipicidade e âmbito da infração, quer de um ponto de vista procedimental, o qual não tem que ser sobreposto ao sistema penal. Sobre esta diferenciação e a sua repercussão no quadro jurídico da CEDH, salienta-se a importante decisão do TEDH (caso *Rigolio c.Italia*, de 14.05.2014) que entendeu não existir violação do artigo 7.º da CEDH num caso em que o procedimento perante o Tribunal de Contas Italiano em que estava em causa um montante imputado ao recorrente no âmbito de uma questão financeira, a sua natureza ressarcitória não sendo penal, não implicava a aplicação e consequente violação do referido artigo.

A jurisdição de contas, exclusiva e específica para apreciar e julgar a responsabilidade financeira, existe exatamente para resolver as patologias que afetam a gestão e o uso de dinheiro público de modo eficaz, sem os inconvenientes da natureza invasiva e de *ultima ratio* do direito penal e, em termos adjetivos, do processo penal[146].

Neste sentido, as competências jurisdicionais de natureza sancionatória atribuídas ao Tribunal de Contas impõem a sua vinculação ao quadro normativo da CEDH, máxime ao seu artigo 6.º[147].

10.3. A efetivação da responsabilidade financeira

Levar a sério a responsabilidade financeira é essencialmente ter presente a necessidade de «evitar patologias» no exercício da gestão financeira de dinheiros públicos e isso compete a quem os gere.

Gerir fundos públicos comporta fazê-lo de acordo com os princípios da legalidade e da boa gestão financeira, cumprindo os princípios da eficácia, eficiência e da economia. Trata-se de concetualizações com dimensão económica e com uma repercussão jurídica por via das consequências que podem ter pelo não respeito por esses critérios, nomeadamente pelo desvirtuamento das finalidades atribuídas ao dinheiro público.

Recorde-se que a alteração legislativa efetuada em 2006 pela Lei n.º 48/2006, de 29 de Agosto, comportou uma explícita alteração ao

[146] Claramente neste sentido, cf. Santoro, 2011, p. 78.

[147] Cf. de forma desenvolvida, Lopes, 2019, esp. p. 1243 e ss. e Caeiro, 2019, p. 336.

âmbito da intervenção jurisdicional do Tribunal de Contas no domínio da responsabilidade financeira, na medida em que estendeu os seus poderes de jurisdição a todos os que gerem e utilizam dinheiros públicos, independentemente da entidade a que pertencem, seja em sede de responsabilização financeira re-integratória ou sancionatória. O legislador foi explícito ao sublinhar que se tratava de «procurar estender os poderes do Tribunal de Contas a todas as situações em que possa ocorrer má gestão ou aplicação indevida de dinheiros públicos»[148]. Nesse sentido, entre outras alterações, passou a configurar infração financeira sancionatória a «utilização de dinheiros ou outros valores públicos em finalidade diversa da legalmente prevista», nos termos do artigo 65.º n.º 1 alínea i) da Lei 98/97, de 26 de agosto.

As exigências impostas a um responsável financeiro, no sentido de tornar eficiente e transparente uso do dinheiro público, impõem um *enforcement* no regime jurídico da responsabilidade financeira. Um quadro normativo claro, amplo e suficientemente dissuasor, subjacente à responsabilidade financeira, comporta uma vertente preventiva com enorme impacto.

Os trabalhos doutrinários e a discussão no Tribunal[149] levam-nos a sustentar uma dupla vertente.

Por um lado, a continuação do caminho de autonomização do instituto da responsabilidade financeira, através do aprofundamento do regime substantivo e processual próprio, sustentado em quadros normativos do processo equitativo que não colida com direitos fundamentais. É relevante uma revisão do regime substantivo de forma a torná-lo mais eficaz e efetivo.

Destacam-se os seguintes tópicos: (i) adoção de um modelo unitário de responsabilidade financeira; (ii) institucionalização da responsabilidade financeira das pessoas coletivas que sejam beneficiárias a qualquer título de dinheiros ou outros valores públicos; (iii) concretização do princípio da igualdade, de modo a que todos os que no exercício das funções pratiquem por ação ou omissão uma infração financeira sejam responsabilizados; (iv) restrição das consequências da responsabilidade em função de um princípio da diferenciação; (v) estabelecimento claro e específico da dimensão da culpa no âmbito da responsabilidade financeira e das

148 Cf. proposta de Lei n.º 73/X.

149 Para um panorama geral do debate recente sobre esta questão, cf. AA.VV. 2019.

suas causas de exclusão, nomeadamente para quem atuar em conformidade com pareceres prévios obrigatórios; (vi) reposição ou reparação com base no dano ou prejuízo patrimonial, sempre que o responsável atue com dolo ou culpa.

Por outro lado, é relevante uma maior eficácia no domínio dos trabalhos de auditoria realizados pelos órgãos de controlo interno e pelo Tribunal de Contas na identificação de patologias que podem levar à responsabilidade financeira. Desde logo a necessidade de uma articulação entre o Tribunal de Contas e os órgãos de controlo interno, nas suas várias áreas de intervenção, de modo a adequar as prioridades de auditorias a realizar, evitando sobreposições ou acumulações, tornado-as por isso mais eficazes.

Por outro lado, sem uma afirmação clara do princípio da legalidade, traduzida no levantamento e identificação de factos que consubstanciam as infrações que decorrem dos processos de auditoria, não será possível ao Ministério Público, enquanto órgão impulsionador da efetivação da responsabilidade financeira, cumprir esse desiderato constitucional.

Finalmente, para permitir uma maior eficácia no desempenho profissional, é essencial adequar a formação de quadros, no âmbito da jurisdição financeira, às exigências específicas adequadas à investigação das infrações e ao seu enquadramento normativo, à luz dos princípios constitucionais que vinculam o processo sancionatório.

Um último tópico para salientar que a jurisdição de contas, a nível europeu, de que Portugal, França, Itália e Espanha constituem exemplos, poderá contribuir para superar as identificadas insuficiências na abordagem das respostas de gestão de risco anti-fraude na União Europeia, através de quadros normativos mais harmonizados nesta matéria.

A persistência na identificação das fragilidades do sistema europeu de recuperação de verbas indevidamente utilizadas do orçamento da UE, de modo fraudulento ou não[150], exige uma dimensão sancionatória dissuasora, não necessariamente de natureza penal. Os mecanismos de responsabilização financeira, essencialmente da competência dos Tribunais de contas com funções jurisdicionais, sendo mais ágeis, poderão ser mais eficazes neste domínio, nomeadamente no sancionamento e na recuperação de fundos públicos indevidamente utilizados.

[150] Neste sentido, os relatórios do TCE, 2019 (a) e (b).

Epílogo

Ao longo do trabalho evidenciámos o labirinto factual, normativo e procedimental que envolve a matéria da corrupção. Ainda que deixemos ao leitor a interpretação final, parece-nos, contudo, ser de enunciar alguns caminhos que podem ajudar à saída do labirinto, apontando, sobretudo, aquelas vias que não conduzem a lugar nenhum.

É essencial, em primeiro lugar, não prosseguir o caminho da falta de efetividade das políticas, das instituições e dos órgãos de controlo, bem demonstrados na última parte do capítulo I. Essa falta de efetividade, muitas vezes sustentada na afirmação correta de que existe lei adequada para tal, que poderíamos também identificar como atitude conformista e burocrática é, segundo cremos, o grande caminho a evitar.

Num segundo momento, será de evitar o apelo tentador a uma vontade sistemática e pulverizadora de legislar, nomeadamente na área penal. Parece claro que não é por falta de leis, nomeadamente leis penais, que não se atinge uma trajetória eficiente e eficaz para resolver os problemas detetados.

Num terceiro momento, seria relevante não continuar no caminho da descoordenação entre as instituições, sublinhando-se a falta de diálogo institucional. Esse é um caminho cheio de ramificações, tanto nos vários órgãos de soberania, como na administração e nos sistemas de controlo judicial, policial e administrativo. Sublinha-se, pela sua relevância, que um diálogo efetivo e a resultante coordenação entre as instituições, a existir, permite desde logo concretizar uma política pública consequente e estrutural. Permite, sobretudo, neste domínio da corrupção partilhar informações, cruzar dados e efetuar compromissos concretos entre órgãos administrativos, policiais e judiciais, possibilitando um trabalho de equipa, com vista a um objetivo comum.

Finalmente, a recusa do caminho da facilidade e da demagogia que, ainda que seja atrativo, não conduz a qualquer saída.

Como se referiu na introdução, Teseu matou o Minotauro no labirinto. Conta o mito que utilizou o fio de Ariadne para descobrir o caminho e sair.

Fica a esperança que o fio que enunciámos possa concretizar algum propósito.

REFERÊNCIAS BIBLIOGRÁFICAS

AA.VV

2017: *L'Âge de la Regression*, Premier Parallelle, Paris.

AA.VV

2019: *Relevância e Efetividade da Jurisdição Financeira*», Tribunal de Contas, INCM, Lisboa.

ALM/MARTINEZ-VASQUEZ, MCCLELLAN, James, Jorge, Chandler,

2016: «Corruption an firm tax evasion», *Journal of Economic Behaviour and Organization*, n.º 124.

ANTUNES, João Lobo

2014: «Conflitos de Interesse», *Anatomia do Crime, Revista de Ciências Jurídico-Criminais*, n.º 0, Julho-Dezembro de 2014 pp. 95-112.

AUTORIDADE DA CONCORRÊNCIA

S/D: *Guia de Boas Práticas no combate ao conluio na contratação pública*, Adc., disponível em http://www.concorrencia.pt/combateaoconluionacontratacaopublica/files/Guia%20de%20Boas%20Praticas%20-%20Combate%20ao%20Conluio%20na%20Contratacao%20Publica.pdf.

AZEVEDO, Alfredo (coord.)

2020: *ISSO 37001:2016-Sistemas de Gestão Anticorrupção-Guia Interpretativo*, Iberogestão Aguiar-Branco, Março.

BAUM, HACCKNEY, MEDAS, SY, Anja, Clay, Paulo, Mouhamadou

2019: *Governance and State-Owned Enterprises: How Costly is Corruption?*, Working Paper /19/253 FMI, Washington.

BENÍTEZ PALMA, Enrique,

2018: «El control externo y el whistleblowing (canales de denuncia)», *Revista Española de Control Externo*, Vol. XX, n.º 59 (Mayo 2018), pp 11-42.

BOUVIER, Michel
2017: «La responsabilité financière publique confrontée à un système budgetaire en transition», *Revue Française des Finances Publiques* n.º 139.
BOUVIER, Laure-Alice
2019: «La Conception de la corruption dans le droit Pénal», in *Revue Française de Finances Publiques*, n.º 147, Septembre.
CALDEIRA, Marco
2017: «A efetividade da tutela cautelar: algumas notas sobre o regime da execução das decisões cautelares administrativas», *Cadernos de Justiça Administrativa*, n.º 124. Julho/Agosto.
CÂMARA, Paulo
2010: «Conflito de Interesses no Direito Financeiro e Societário. Um retrato anatómico», AAVV, *Conflito de Interesses no Direito Societário e Financeiro, Um Balanço a partir da Crise Financeira*, Almedina, Coimbra, 2010.
CAEIRO, Pedro
2019: «A natureza jurídica da responsabilidade financeira sancionatória e a concorrência entre infrações financeiras e crimes: o olhar de um estrangeiro", in, AAVV, *Relevância e efetividade da jurisdição financeira no século XXI*, Imprensa Nacional, Casa da Moeda, Lisboa.
CHENILLAT, Emma
2017: «Le modele juridictionnel de responsabilité financière: de la différenciation des regimes juridiques en France, au Portugal et en Italie, à l'appréhension d'énjeuux comuns», *Revue Françaises des Finances Publiques*, n.º 139, Setembre.
COM
2017: COMMUNICATION DE LA COMMISSION AU PARLEMENT EUROPÉEN, AU CONSEIL EUROPÉEN, AU CONSEIL, À LA BANQUE CENTRALE EUROPÉENNE, AU COMITÉ ÉCONOMIQUE ET SOCIAL EUROPÉEN, AU COMITÉ DES RÉGIONS ET À LA BANQUE EUROPÉNNE D'INVESTISSEMENT», 22.5.2017 COM (2017).
2018: 214 final (DIRETIVA DO PARLAMENTO EUROPEU E DO CONSELHO relativa à proteção das pessoas que denunciam infrações ao direito da União)
2020: COMMUNICATION FROM THE COMMISSION TO THE EUROPEAN PARLIAMENT, THE COUNCIL, THE EUROPEAN ECONOMIC AND SOCIAL COMMITTEE AND THE COMMITTEE OF THE REGIONS (2020 Rule of Law Report The rule of law situation in the European Union).
CORREIA, Eduardo
1971: *Direito Criminal*, Almedina, Coimbra.
COSTA, Carlos da Silva
2019: «Lições da Grande Crise Financeira para a Regulação e Supervisão», *Boletim de Ciências Económicas*, Volume LXII, 283-303.

COSTA PINTO, Frederico Lacerda
2018: «A arquitectura do Estado de Direito e a expansão do sistema sancionatório», in AA.VV, *Estudos Projecto Ethos. Corrupção e Criminalidade Económico-Financeira*, Procuradoria-Geral da República, Lisboa, 35-49.
DALLAGNOL, Deltan
2017: *A luta contra a corrupção*, Editora Sextante, Rio de Janeiro.
DÂMASO, Eduardo
2019: *Corrupção, Breve História de um crime que nunca existiu*, Objetiva, Lisboa
DELMAS-MARTY, Mireille
2007: «La refondation des Pouvoirs», Seuil, Paris.
DUARTE, Tiago Duarte
2015: «Providências cautelares, suspensões automáticas e resoluções fundamentadas: pios a emenda que o soneto», JULGAR, n.º 26, Maio/Agosto.
ELBERT, Carlos Alberto
2011: «O populismo penal: realidade transitória ou definitiva?» in "*Direito Penal e Politica Criminal do Terceiro Milénio. Perspectivas e tendendências*, Fabio Roberto D'Avila, (coord.), EdiPURS, Porto Alegre.
EUROBARÓMETRO
2015: *Empresas e Corrupção*, Setembro.
FERRAJOLI, Luigi
2011: *Poderes Salvages. La crisis de la democracia constitucional*, Trotta, Madrid.
FOFFANI, Luigi
2009: «Escândalos económicos y reformas penales: Prevencion y represión de las infracciones societarias en la era de la globalization», *Revista Penal*, n.º 23, Enero.
GOMES, LOPES, Conceição, José Mouraz,
2013: «Justiça Criminal em Portugal: contextos e desafios» in Machado, Bruno Amal (coord) *Justiça Criminal e Democracia*, Marcial Pons, São Paulo.
GOMES CANOTILHO, MOREIRA, J.J., Vital
2010: *Constituição da República Portuguesa Anotada, Vol. II*, Coimbra Editora, Coimbra.
GRECO
s/d: *Financement des partios politiques, Synthèse thématique du Troisiéme Cycle d'Evaluation du GRECO*, Strasbourg.
GRIMAL, Pierre
1992: *Dicionário da Mitologia Grega e Romana*, Difel.
HETZER, Wolfgang Hetzer,
2010: «Legalising Corruption?», in Kreutner (ed.), *Pratice Meets Science, Contemporary Anti-Corruption Dialogues*, Manzsche verlags-und Universiätsbuhhandlung, Wien.
HOULETTE, Eliane
2019: «Clarifier le concept de corruption», in *Revue Française de Finances Publiques*, n.º 147, Septembre

Hussain Maryam
2014: *Corporate Fraud, The Human Factor,* Bloomsbury, London.
Lambdsorff, Johann Graf
2010, «The Organization of Anticorruption – Getting Incentives Right!», in Kreutner (ed.), *Practice Meets Science, Contemporary Anti-Corruption Dialogue,* Manzsche verlags-und Universiätsbuhhandlung, Wien.
Lopes, José Mouraz
2011 (a): *O espectro da corrupção,* Almedina, Coimbra.
2011 (b): «Os Novos Crimes Urbanísticos no Código Penal» in *As Alterações de 2010 ao Código penal e ao Código de Processo Penal,* Rui do Carmo, Helena Leitão, (coord.) *Coimbra,* Editora
2015: «O caminho da autonomia dogmática da responsabilidade financeira- notas breves sobre as alterações à Lei Orgânica e de Processo do Tribunal de Contas, introduzidas pela Lei n.º 20/2015, de 9 de março», *Revista do Tribunal de Contas* n.º 63/64.
2017 (a): «Fragilidades do discurso criminalizador na corrupção: entre o populismo e a ineficácia», *JULGAR,* n.º 32, Maio-Agosto
2017 (b) *Manual de gestão para a investigação criminal no âmbito da criminalidade organizada, corrupção, branqueamento de capitais e tráfico de estupefacientes,* Projecto de Apoio à Consolidação do Estado de Direito (PACED), Lisboa (disponível in https://www.paced-paloptl.com/uploads/publicacoes_ficheiros/paced_manual_investigacaocriminal_jml_vf.pdf).
2019: «O processo de responsabilidade financeira diante do Tribunal de Contas, à luz da Convenção Europeia dos Direitos Humanos», in PP. Albuquerque, (org) AA.VV, *Comentário à Convenção Europeia dos Direitos Humanos,* Vol. II pp. 1228-1251.
Lozano Alvarez/Cubillo Rodriguez, Maria, Carlos
2017: «Le Rôle des Institutions Supérieures de Contrôle à Competence Juridictionnelle dans les Sociétès Modernes», *Eurosai Magazine,*n, 23.
Macauley, M. Rodrick,
S/d «Combattre la corruption. Incriminations. Synthèses thématique du Troisième Cycle d'Evaluation du GRECO», GRECO, Conseil de L'Europe, Strasbourg.
Martins, Ana Gouveia Martins,
2017: «Efectividade da tutela cautelar», in *Cadernos de Justiça Administrativa,* n.º 124, Julho/Agosto de 2017.
Martins, Guilherme d'Oliveira
2015: «A posição dos Tribunais de Contas no sistema europeu de controlo das finanças públicas», *Revista do Tribunal de Contas* n.º 59/60.
Mendes Paulo de Sousa Mendes

2018: «Law Enforcement & Compliance», in *Estudos sobe Law Enforcement, Compliance e Direito Penal,* Almedina, Coimbra.
2020: *Patrocínios, Escândalos e Factos Puníveis,* Almedina, Coimbra.
MONTE, Elio lo
2010: «Politiche neo-liberaliste e questione criminal ne la post-modernitá», *Revista Trimestrale di Diritto Penale dell'economia,* anno XXIII, n.º 4 ottobre--dicembre.
NETTO, Vladimir,
2016, *Lava Jato,* Editora Sextante, Rio de Janeiro.
NUSSBAUM, Martha C.
2019: *Sem fins lucrativos,* Edições 70, Lisboa.
OCDE
2003: «L'approche des entreprises dans la lutte contre les pratiques entachées de corruption», in www.ocde.com.
2016: «Financing Democracy – Funding of Political Parties and Election Campaigns and the Risk of Policy Capture», in www.oecd.org/fr/gouvernance/l-ocde-preconise-de-reglementer-plus-etroitement-le-financement-de-la-vie-politique-et-de-durcir-les-sanctions.htm
2017: Panorama das Administrações Públicas, (GOVERNMENT AT A GLANCE).
2018: «State-Owned Enterprises and Corruption: What are the risks and what can be done, Organization for Economic Cooperation and Development (OECD), Paris.
2020: *Public Integrity Handbook, in* https://read.oecd-ilibrary.org/governance/oecd-public-integrity-handbook_
PATERNITI, Carlo
2010: «La ineffettività della norma incriminatrice», *Rivista Trimestrale diritto penal económico,* 1-2.
PGR
2018: Parecer da Procuradoria Geral da Republica n.º 32/2017, publicado no DR 2ª série n.º 76, de 18 de abril de 2018.
PRATT
2007: *Penal Populism,* New York, Routledge.
POCOK, John
2013: *Cidadania, Historiografia e Res Publica,* Almedina, Coimbra.
PORTA, MÉNY, Donatella Della, Yves
1995: *Democracia e Corrupção na Europa,* Inquérito, Lisboa.
RAMOS, João
2018: «Proteção de Denunciantes em Portugal: Estado da Arte», disponível no site https://transparencia.pt/wp-content/uploads/2018/07/TI-PT_ProtecaoDenunciantesPortugal_2018-last-version_24_07_2018_VF.pdf.

RENDUELES, Cesar
2017: «De la regression globale aux contre mouvements post capitaliste», in AA.VV, *L'Âge de la Regression.*
RODOTÀ, Stefano
2017: *Il moralista militante,* Editori Laterza, Roma.
ROBERTS, Julian V.
2003: *Penal Populism and Public Opinion,* Lesson From Five Countries, New York, Oxford Univesity Press.
ROSE-HANO, Laurent
2017: «Coment les comptables publics vivente-its une responsabilité plus effective dans un contexte toujours plus contraignant de leurs moyens», *Revue Françaises des Finances Publiques,* n.º 139.
SALAS, Denis
2008: *La volonté de punir: essai sur le populisme pénal,* Paris, Pluriel
2012: *La Justice Dévoyée,* les arénes, Paris.
SANCHES, Saldanha
2004: «Segredo bancário, segredo fiscal: uma perspetiva funcional», Centro de Estudos Judiciários, *Medidas de Combate à Criminalidade Organizada e Económico-Financeira,* Coimbra Editora, Coimbra, pp. 57-68.
SANTORO, Pelino
2011: *L'Illecito Contabile e La responsabilità amministrativa,* Maggioli Editores, Milano.
SANTOS, Cláudia Cruz
2018: *A corrupção de Agentes Públicos e a Corrupção no Desporto,* Almedina, Coimbra.
SANTOS, BIDINO, MELO, Cláudia Cruz, Cláudio, Débora Thais
2009: *A Corrupção, Reflexões (a partir da Lei, da Doutrina e da Jurisprudência) sobre o seu Regime Jurídico-Criminal em Expansão no Brasil e em Portugal,* Coimbra Editora, Coimbra.
SANTOS, COELHO, LOPES, Maria Teresa, Nuno, José Mouraz
2019: «Corrupção, Estado de Direito e Cooperação: a experiência de um instrumento de cooperação internacional (PACED)», *JULGAR,* n.º 39, pp. 77-108.
SAÏD, Luc
2008: «Le modèle des Cours des comptes: traits comuns et diversité», *Revue Française des Finances Publiques* n.º 101.
SEGONDS, RIBEROLLES, Marc, Armand
2010: «Experience du délit penal de trafic d'influence en France", in *GRECO, Leçons tirées des trois cycles d'évaluation* (2000-2010), in www.coe.int.GRECO.
SILVA, António Fonseca da
2019: «O processo de auditoria como método para a identificação das infrações financeiras», in, AAVV, *Relevância e efetividade da jurisdição financeira no século XXI,* Imprensa Nacional, Casa da Moeda, Lisboa.

STHEPHENSON, SCHÜTTE, Matthew C. / Sofie A.
2016: «Specialised anti-corruption courts: a comparative mapping», U4 Anticorruption Ressource Center, U4 Issue December 2016 No 7, disponível in https://www.u4.no
SUREL, Yves
2012: «Qui gouverne l'economie»?, *POUVOIRS*, n. 142, Setembre, pp 43-60.
TAVARES, Luís Valadares
2017: *O guia da boa contratação pública*, OPET, IST,TAGUS PARK, Oeiras, 2017.
TAWNEY, Richard
1931: Tawney, *Equality*, New York, Harper.
TCE (TRIBUNAL DE CONTAS EUROPEU)
2018: Relatório Especial n.º 9/2018, *Parcerias Público Privadas na UE: insuficiências generalizadas e benefícios limitados.*
2019 (a): Relatório Especial n.º 1 /2019: *São necessárias ações para combater a fraude nas despesas da UE*
2019 (b): Relatório Especial n.º 06/2019, *Combater a fraude nas despesas da coesão da UE: as autoridades de gestão têm de reforçar a deteção, a resposta e a coordenação.*
2020: Relatório Especial n.º 16/2019, *Semestre Europeu: as recomendações específicas por país tratam de questões importantes, mas necessitam de melhor aplicação.*
TRIBUNAL DE CONTAS
2007: *Auditoria aos Encargos do Estado com as Parecerias Público Privadas – Concessões Rodoviárias e Ferroviárias* –, Relatório n.º 4/2007, 2ª secção, Lisboa, Janeiro
2018(a): *Auditoria aos sistemas de controlo do IAPMEI e AICEP no âmbito dos incentivos comunitários* –Janeiro https://www.tcontas.pt/pt-pt/ProdutosTC/Relatorios/RelatoriosAuditoria/Documents/2018/rel004-2018-2s.pdf
2018(b): *Auditoria aos Sistemas de Incentivos ao Portugal 2020 (modelo de recuperação de dividas).* Relatório de auditoria 16/2018m 2.º Sec, Outubro – www.tcontas.pt/pt-pt/ProdutosTC/Relatorios/RelatoriosAuditoria/Documents/2018/rel016-2018-2s.pdf
2019: *Auditoria ao programa Operacional MAR2020*, Relatório n.º 12/2019/2ª secção, Lisboa, Fevereiro-https://www.tcontas.pt/pt-pt/ProdutosTC/Relatorios/RelatoriosAuditoria/Documents/2019/rel012-2019-2s.pdf
WILLIAMS, Sope
2010: «The limitations of Penal Mechanisms to Fight Corruption in Public Procurement», in Kreutner (ed.), *Pratice Meets Science, Contemporary Anti-Corruption Dialogues*, Manzsche verlags-und Universiätsbuhhandlung, Wien.
UNODC
2018: *Manual on Corruption Surveys*, Vienna.

Veiga, Paula
2019, «Corrupção-reflexões à moda schmittiana: um dualism acolhido e um dualism interrogado», in, AA.VV. *Estudos em Homenagem ao Conselheiro Presidente Joaquim Sousa Ribeiro,* Volume II, Almedina, Coimbra, pp 769-784.
Villanueva Rodriguez, Ulpiano L.
2011: «Notas sobre la responsabilidad contable», *Auditoría Pública* n.º 55.
Zanchetta, Pier Luigi
1996: «Tangentopoli entre perspectivas politicas y soluciones judiciales», in Perfecto Andrès Ibáñez (editor), *Corrupcion y Estado de Derecho, El papel de la Jurisdiccion,* Trotta,, Madrid.
Zanatta, Loris
2014: *El Populismo,* Katz Editores, Buenos Aires.